I0126428

# ACADÉMIE

## DES SCIENCES, BELLES-LETTRES ET ARTS

## DE SAVOIE

———

# DOCUMENTS

### TOME V.

———

ACADÉMIE DE SAVOIE

# CATALOGUE

DU

# MÉDAILLIER DE SAVOIE

PAR

ANDRÉ PERRIN

## DOCUMENTS

VOLUME V

CHAMBÉRY

IMPRIMERIE BOTTERO, PLACE SAINT-LÉGER

1883

# CATALOGUE

DU

# MÉDAILLIER DE SAVOIE

## INTRODUCTION

L'histoire monétaire de la Maison de Savoie a été écrite par Dominique Promis, dans ses *Monete dei reali di Savoia,* et complétée, quant aux documents qui s'y rapportent, par le *Recueil* de Duboin, qui, comme nous, a reproduit les planches de monnaies de Promis sans y rien ajouter. Nous avons cru faire chose utile en réunissant, en tête de ce catalogue, tout ce qui, dans l'histoire monétaire des princes de Savoie, se rapporte spécialement à la Savoie, en faisant connaître, à ce point de vue particulier, une province récemment entrée dans la famille française.

Afin de faire ressortir l'importance du médaillier du musée de Chambéry, pour l'histoire de la Savoie, nous nous sommes exclusivement attaché aux indications de toute nature présentant quelque intérêt pour les ateliers monétaires de deçà les monts, que nous avons réunies dans le résumé historique.

Nous avons pu compléter Promis et Duboin, à l'aide

des documents retrouvés ou publiés dès lors, et ajouter aux monnaies qu'ils ont reproduites les nombreuses découvertes signalées par d'infatigables chercheurs.

M. François Rabut, aujourd'hui professeur d'histoire à Dijon, MM. Promis, Soret, Chaponnière, etc., ont ajouté aux découvertes de MM. Promis et Duboin, et se sont plus spécialement occupés des ateliers de Savoie. Nous avons également recueilli des détails intéressants pour l'histoire de ces mêmes ateliers et de leurs ouvriers monnayeurs, et fait connaître des monnaies inédites et des variétés qui sont reproduites dans ce catalogue.

---

## ORIGINE ET DÉVELOPPEMENT DU MÉDAILLIER.

La bibliothèque de la ville de Chambéry, rouverte en 1804, recevait un certain nombre de monnaies échappées aux fondeurs. M. Bise, bibliothécaire de 1815 à 1841, en fit le premier classement. M. Raymond, dans le *Journal de Savoie,* signalait les découvertes faites à cette époque. Mais ce ne fut que lors de la création du muséum de la Société d'histoire naturelle, en 1844, que le médaillier de Savoie prit une importance réelle, grâce aux soins de M. Alexandre d'Oncieu de Chaffardon, qui l'enrichit par divers dons ; il en fut le conservateur jusqu'à sa mort (1849). M. François Rabut, qui avait partagé ses travaux, lui succéda, et, s'attachant plus spécialement à la numismatique de Savoie, fit connaître, dans une suite de publications, les pièces inédites qu'il avait pu découvrir. Malheureusement, en 1859, un vol, dont les auteurs restèrent inconnus, fit disparaître presque toutes les monnaies d'or du musée ; peu après, M. Rabut était éloigné de Chambéry, ce qui ne le fit point renoncer à ses chères études. M. le marquis César d'Oncieu s'occupa dès lors à combler ces vides par des acquisitions et des dons ; un échange avec le marquis Costa, consenti par la Société d'histoire naturelle, procurait un certain nombre de pièces rares.

En 1874, le musée départemental, nouvellement créé, obtenait la cession de la salle d'archéologie et de numismatique de la Société d'histoire naturelle ; le médaillier de Savoie prit aussitôt le premier rang parmi les collections du musée naissant. Nous entreprîmes dès lors de classer les monnaies de Savoie et de préparer le catalogue du médaillier, qui reprenait son ancienne importance par le présent que lui fit M. le comte Paul Costa de la riche et précieuse collection de son père. Des dons et des acquisitions l'augmentent encore chaque année ; le conseil municipal et l'Académie de Savoie, en votant les fonds nécessaires à l'impression du catalogue, nous ont permis de faire connaître cette série si importante au point de vue de notre histoire provinciale.

Un résumé de l'histoire monétaire des princes de Savoie et une notice sur les ateliers monétaires, leurs ouvriers, leur association, précéderont le catalogue, dont les illustrations sont dues, en majeure partie, à l'obligeance de M. Vincent Promis, conservateur du médaillier et de la bibliothèque du roi à Turin, qui a bien voulu nous permettre de faire reproduire les planches de l'ouvrage de son père.

## MONNAIES FRAPPÉES ET IMPORTANCE DE LEUR FABRICATION

### SOUS CHACUN DES PRINCES DE LA MAISON DE SAVOIE.

L'or, l'argent, le billon et le cuivre sont les métaux qui ont été employés pour le monnayage en Savoie. Dans les monnaies d'or, ce métal figure pour plus de la moitié ; dans celles d'argent, l'argent s'y trouve par moitié au moins ; celles de billon contiennent fort peu d'argent allié au cuivre ; celles de cuivre sont sans mélange.

Pour les ateliers de Savoie, on peut établir le poids et le titre des monnaies frappées ; jusqu'en 1816 on se servit exclusivement du système duodécimal, et, dès lors, du système décimal. Pour le poids : les marcs de Paris, de Lyon, d'Avignon ou de Chambéry ; puis exclusivement celui de Troyes, divisé en 8 onces, — l'once en 8 deniers, — le denier en 24 grains, — le grain en 24 granules, — le granule en 24 granotines. Pour indiquer le titre, on employait, pour l'or, le carat, dont 24 égalaient l'once de fin, divisée en 24 grains, et le grain en 24 granotines ; pour l'argent, le denier, dont 12 égalaient l'once de fin.

Guichenon et Pingon se sont efforcés d'attribuer des monnaies à Bérold, ainsi qu'à Humbert Ier et à Amédée Ier, ses fils et petits-fils ; mais leur mention ne se rencontre dans aucun compte ; les monnaies courantes en usage à cette époque sont les deniers pictavins, viennois et papiens.

Oddon, qui, par son mariage (1047) avec Adélaïde, fille de Manfred II, comte de Turin, fut l'origine de la puissance de la Maison de Savoie en Italie, est le premier des princes de Savoie auquel on peut reconnaître l'usage du droit de battre monnaie, droit d'ailleurs encore peu développé, les contestations avec les évêques de Vienne paraissant indiquer des imitations de monnaies existantes, plutôt qu'une fabrication à un type propre. Des deniers d'Aiguebelles sont cependant mentionnés dans plusieurs actes; mais, jusqu'à présent, les pièces uniques qui ont été retrouvées appartiennent aux évêques de Maurienne; la description de celles citées par Cibrario et de Rivaz indique sur une face la tête de saint Jean-Baptiste, et sur l'autre un monogramme (qu'on a cru être celui d'Adélaïde) avec la légende : *Aquabella.* Quoi qu'il en soit, l'atelier d'Aiguebelle aurait encore travaillé sous Pierre Ier et Amédée II (1).

Sous Humbert II, l'atelier de Suse est ouvert; les sous, *solidi secusiensium,* sont mentionnés dans un acte du 18 juin 1104, soit un an après sa mort. Vernazza et d'autres écrivains lui ont reconnu cette création. Amédée III a frappé à Suse, dont le nom figure sur ses monnaies, et dont le type ne permet pas plus de les attribuer à Amédée II qu'à Amédée IV, qui a cessé de faire figurer le nom de Suse sur ses monnaies. Les monnaies d'Humbert III, également avec légende *Secusia,* sont fort rares, bien que son règne ait duré quarante ans : trois ou quatre exemplaires seulement ont été découverts. Il en est de même pour Thomas, dont le règne a été aussi long, qui a dû frapper beaucoup à Suse, et dont une seule monnaie

(1) Vente de dîmes à St-André (postérieurement à 1080) pour la somme de « c.xii solidos viennensis monete, et ex Aquabellensium denariorum c.x solidos. » Vers la même date à peu près, une semblable redevance est remise pour « quatuor sextariis frumenti Camberiacensis mensure et quatuor solidis Aquabellensis monetæ. »

est connue jusqu'à présent, monnaie que j'ai eu la bonne fortune de découvrir.

Ce dernier porte *Secusia* au revers ; le type est bien supérieur à ceux des règnes précédents, et vient confirmer ce que les actes indiquaient : l'amélioration, par ce prince, de la monnaie affaiblie par son père, en employant des *denari buoni secusili,* dans les comptes, pendant son règne.

Amédée IV continua sans doute à utiliser l'atelier de Suse, dont le nom ne figure plus sur ses monnaies, mais il ouvrit ceux de Chambéry et de St-Maurice. Les deniers mauriciens sont mentionnés dans les actes à dater de son règne.

Boniface. — Aucune monnaie de ce prince n'a encore été retrouvée, bien qu'il ait fait frapper à Saint-Maurice et à Chambéry. Le compte du châtelain de Montmélian, pour l'année 1263-1264, porte en recette les droits perçus des monnayeurs établis à Chambéry : « Reddit computum.... « de CCL libris receptis de monetariis cudentibus mone- « tam apud Camberiacum concessam eis pro tanto per « annum. »

Pierre II, nommé le petit Charlemagne, maintint les deux ateliers de St-Maurice et de Chambéry. La première découverte de ses monnaies a eu lieu dans les ruines du château de Paladru ; elles furent signalées par M. de Giry, de Voiron, qui en céda deux exemplaires au médaillier du roi à Turin ; M. le marquis d'Oncieu en acquit un par échange et le donna au musée. Un second exemplaire, moins bien conservé, fut retrouvé par nous dans les pièces délaissées par les premiers explorateurs.

Philippe Ier, dont une seule monnaie est connue jus-qu'à présent, conserva cependant en activité les deux mêmes ateliers; le compte du châtelain de Bard (1276) mentionne un payement *de fortium novorum Cambayriaci,* et dans celui du maître d'hôtel de St-Maurice figure la dépense : *in vadiis magistri monete de Sancto Mauricio,* qui porta à l'évêque de Sion la nouvelle monnaie qu'il venait de battre, pour qu'il en prélevât *unam manatam* en signe de suzeraineté.

Amédée V, par sa femme Sibylle, acquit la Bresse et le Bugey (il avait pris Lyon sous sa protection), et ouvrit la monnaie de St-Symphorien-d'Ozon; il a encore fait battre à Chambéry, à Suse et à Avigliana. Il renforça ses monnaies à l'exemple de Philippe-le-Bel, qui avait précédemment affaibli les siennes pour subvenir aux dépenses nécessitées par la guerre contre les Anglais et les Flamands, guerre dans laquelle il avait été secouru par les troupes savoyardes conduites par Edouard, fils et successeur d'Amédée V. On a, de ce règne, divers ordres de battre, et des comptes des ateliers.

Edouard. — On ne possède aucun ordre de frappe de ce prince, bien que l'on ait retrouvé un certain nombre de ses monnaies, dont quelques-unes, les oboles à l'E, sont d'un titre très-faible; un exemplaire, possédé par le musée, donne une juste idée de la pauvreté de l'alliage (1).

Aymon fit travailler dans les anciens ateliers, et en ouvrit de nouveaux; Chambéry, Bourg, Pont-d'Ain, St-Genix, Saint-Symphorien-d'Ozon ouvrèrent au marc de Lyon. Le type de ses monnaies s'écarte beaucoup de

---

(1) Ce fut pour faire face aux dépenses de la guerre qu'il fit frapper des deniers et oboles de titre et de poids inférieur qu'il distingua en remplaçant l'A par l'E. Un compte de 1329 à 1341 indique leur valeur : il fallait 32 viennois à l'E pour un gros, et 20 deniers forts à l'E pour un gros.

celui de ses prédécesseurs ; seules entre toutes celles des princes de la Maison de Savoie, elles présentent une indication du rapport de leur valeur relative, par un certain nombre de points placés dans les cantons d'une croix coupant la pièce entière : l'obole a deux points, dont 2 = le fort blanc qui a quatre points, dont 3 = le gros douzain qui en a douze ; ces trois pièces représentent une valeur de 2, 4 et 12 pites. Ce prince porta également aide au roi de France contre les Anglais.

Amédée VI. — Sous son règne, Saint-Symphorien fut cédé à la France, et cet atelier cessa de travailler. Ce prince s'opposa aux essais de monnayage du comte de Genevois, qui, comme son vassal, ne pouvait battre sans son autorisation. Il battit monnaie dans les ateliers de St-Maurice, Chambéry, Pont-d'Ain, Saint-Genix, et fut le premier prince de Savoie qui émit de la monnaie d'or et fit figurer des lacs sur ses monnaies. On possède un nombre considérable de renseignements sur ses monnaies, ses ordonnances et les comptes des ateliers. Sous son règne, l'empereur Charles IV, par son ordonnance de 1363, voulut imposer au Dauphiné et à la Savoie des types et des formules de monnayage qui rappelassent son pouvoir, devenu purement nominal ; mais cet essai fut sans résultat, et l'on ne retrouve aucune trace de son exécution.

Amédée VII prit part aux guerres de Flandre, où il conduisit un corps d'armée au roi de France. Sous les murs de Bourbourg il défit en tournoi trois seigneurs anglais des plus valeureux. Sous son règne, les ateliers monétaires reprirent une nouvelle activité ; il établit des bases monétaires régulières pour remplacer les monnaies antérieures, qui n'avaient pour la plupart aucun rapport entre elles, et étaient le plus souvent des imitations des monnaies ayant cours dans les pays voisins. La base monétaire fut le florin de petit poids, valant 12 gros; le gros, 8 forts; les monnaies d'or allèrent sans cesse en augmentant de valeur; le florin vieux était de 13 gros 1/2 en 1391; l'écu d'or de Savoie fut porté à 18 gros. Les petites monnaies, si abondantes et si variées, furent retirées pour faire place aux nouvelles; les monnaies étrangères inférieures n'eurent plus cours que sur les confins de ses Etats, et le florin de 12 gros devint la monnaie de compte. Il fit travailler dans les ateliers de Suse, d'Avigliana, de Chambéry, de Pont-d'Ain et de Nyon, ce dernier ouvert par les princes de la branche de Vaud. Il ouvrit un atelier à Aix-les-Bains, dont les monnayeurs nous sont connus pour les années 1408 et 1414.

Amédée VIII obtint l'érection de la Savoie en duché de l'empereur Sigismond, à qui il fit une réception magnifique à Chambéry. Retiré ensuite à Ripaille, d'où il sortit pour devenir pape, et où il rentra après avoir déposé la tiare pour ramener la paix dans l'Eglise divisée par le schisme, il améliora la bonté du titre des monnaies, fit frapper à Chambéry, à Bourg et à Lyon, et réduisit à deux les maîtres des monnaies, l'un en Piémont et l'autre en Savoie. C'est de son règne que commence la distinction entre les monnaies de cours de Piémont et de Savoie.

Les règnes suivants virent sans cesse affaiblir le cours des monnaies, qui, sous le duc Louis, devinrent inférieures aux plus basses, émises par Amédée VIII; ce prince fit battre à Cornavin et à Bourg.

Amédée IX conserva les mêmes ateliers, pour lesquels nous possédons un certain nombre d'ordonnances de frappe.

Sous Philibert Ier, pendant la régence, les ateliers de Chambéry, de Bourg et de Cornavin furent en activité.

Charles I^er est le premier prince de Savoie qui fit figurer son portrait sur ses monnaies, et y fit inscrire des légendes extraites des livres saints. Les trois mêmes ateliers continuèrent à fonctionner, sous son règne et sous ceux de ses successeurs : Charles-Jean-Amédée, Philippe II et Philibert II, dont les règnes furent très-courts et désastreux pour le pays ; ce dernier ouvrit l'atelier de Montluel, où il ne fit frapper que de la monnaie de bas aloi.

Charles II. — Ce règne, quoique long, fut un temps de souffrance pour la Savoie comme les régences et les règnes trop courts de ces prédécesseurs. Bien qu'il ait continué le système d'affaiblissement des monnaies, ou peut-être pour cela, sa série est une des plus riches en types de monnaie. Les ateliers de Cornavin, Chambéry, Bourg et Montluel travaillèrent, mais ils commencent à perdre de leur importance, et celui de Turin prend le premier rang.

Emmanuel-Philibert. — Arrivé au pouvoir au moment où sa dynastie semblait avoir tout perdu, il en fut le véritable restaurateur. Au milieu de ses efforts pour réorganiser tous les services de l'Etat, le moyennage ne fut pas oublié. Le cours des monnaies, qui avait décliné sans cesse depuis la mort d'Amédée VIII, fut relevé par lui. En 1559, il rouvrit les ateliers de Chambéry et de Bourg, pour procurer de bonnes monnaies en échange de celles qu'il faisait retirer. La livre d'argent fut de 20 sols gros de Savoie, celle d'Aoste de 240 deniers ; il fit frapper des écus de 3 livres en argent, de 9 et de 27 livres en or.

Charles-Emmanuel I^er fit frapper à Chambéry, à Bourg et à Gex dans les premières années de son règne ; puis, après la cession de la Bresse, du Bugey, du Valromey et de Gex à la France, il fit battre à Chambéry, où, par suite du mauvais état de l'outillage, le travail fut interrompu plusieurs fois, puis donné à un fermier de 1601 à 1611. Sous ce règne, l'on était revenu aux anciens errements, par des émissions d'un titre inférieur.

Victor-Amédée Ier, pour revenir au système monétaire établi par Emmanuel-Philibert, dut faire des émissions importantes afin de retirer et de remplacer les monnaies de mauvais aloi, frappées en abondance par son père.

Charles-Emmanuel II rouvrit en 1640 l'atelier de Chambéry, fermé depuis onze ans.

Victor-Amédée II, continuant l'œuvre d'Emmanuel-Philibert et de Victor-Amédée Ier, fit apporter dans le vieil atelier de Chambéry, occupé par la trésorerie du duché, et que le manque absolu de matériel nécessaire ne permettait plus d'utiliser, toutes les monnaies de titre inférieur, qui furent refondues par le maître de Turin, et remises en cours, après avoir été essayées.

En 1717, il établit la livre de Piémont comme monnaie de compte, supprimant les bases différentes usitées dans les diverses provinces de ses Etats ; par cette uniformité, il rendit un service signalé, bien qu'il apportât une gêne momentanée dans les transactions des parties frontières, en abaissant trop le cours de l'écu de France, des patagons et des bagnis de Suisse.

Charles-Emmanuel III s'efforça d'établir une complète uniformité du système monétaire, qui fut obtenue par son successeur Victor-Amédée III. En 1781, il établit des bureaux de change à Carouge, Chêne et Vezenaz, pour retirer à une valeur supérieure les monnaies genevoises et suisses qui inondaient le pays frontière.

De 1792 à 1815, la Savoie partagea les destinées de

la France, et revint sous l'autorité de ses anciens souverains sous le règne de Victor-Emmanuel I<sup>er</sup>, qui, en 1816, établit le système décimal dans ses monnaies, et les fit battre égales en poids et en bonté à celles de France. Les variations ne consistèrent plus dès lors que dans les coins, et nous retrouvons les mêmes monnaies, pour chacun des règnes de Charles-Félix (qui acheva le retrait des basses monnaies antérieures et émit en quantité considérable des monnaies décimales or, argent et cuivre), de Charles-Albert et de Victor-Emmanuel II à 1860.

## ATELIERS MONÉTAIRES.

A dater du treizième siècle, l'atelier de Suse, dont le nom figure au revers des premières monnaies frappées par les princes de Savoie, ne fut plus seul à battre. Plusieurs ateliers furent ouverts successivement en Savoie; ils subirent les vicissitudes si diverses par lesquelles passèrent la Savoie et les provinces qui firent successivement partie de ce petit Etat. Nous allons les mentionner dans l'ordre de leur ouverture.

*Villes dans lesquelles les princes de Savoie firent battre monnaie deçà les monts.*

| | |
|---|---|
| Oddon............... | Aiguebelle. |
| Pierre.............. | Aiguebelle. |
| Amédée II .......... | Aiguebelle. |
| Humbert II.......... | Suse. |

| | |
|---|---|
| Amédée III........... | Suse. |
| Humbert. III......... | Suse. |
| Thomas.............. | Suse. |
| Amédée IV.......... | Suse, Chambéry, Saint-Maurice-d'Agaune. |
| Boniface............ | Suse, Chambéry, Saint-Maurice-d'Agaune. |
| Pierre II............ | Suse, Saint-Maurice-d'Agaune, Chambéry. |
| Philippe Ier.......... | St-Maurice-d'Agaune, Chambéry. |
| Amédée V........... | Suse, Chambéry, St-Symphorien-d'Ozon. |
| Aymon.............. | Chambéry, Saint-Symphorien-d'Ozon, Bourg, Pont-d'Ain, Saint-Genix. |
| Amédée VI.......... | Saint-Maurice-d'Agaune, Chambéry, Pont-d'Ain, Saint-Genix, Pierre-Châtel. |
| Amédée VII......... | Suse, Pont-d'Ain, Nyon. |
| Amédée VIII ....... | Chambéry, Bourg, Pont-d'Ain, Cornavin, Aix-les-Bains, Nyon. |
| Louis............... | Bourg, Cornavin. |
| Amédée IX ......... | Chambéry, Bourg, Cornavin. |
| Philibert II.......... | Chambéry, Bourg, Cornavin. |
| Charles Ier .......... | Chambéry, Bourg, Cornavin. |
| Charles-Jean-Amédée.. | Chambéry, Bourg, Cornavin. |
| Philippe II.......... | Chambéry, Bourg; Cornavin. |
| Philibert II.......... | Chambéry, Bourg, Cornavin, Montluel. |
| Charles II........... | Chambéry, Bourg, Cornavin, Montluel. |
| Emmanuel-Philibert... | Chambéry, Bourg. |
| Charles-Emmanuel Ier. | Chambéry, Bourg, Gex. |
| Victor-Amé Ier....... | |
| François-Hyacinthe ... | |
| Charles-Emmanuel II.. | Chambéry. |
| Branche de Vaud..... | Thierrens, Nyon. |
| Branche de Genevois.. | Poisy, Annecy. |

## SAINT-MAURICE-D'AGAUNE
(Valais, Suisse).

Cette ville, où l'on battit monnaie sous les rois mérovingiens, eut le premier établissement monétaire des princes de Savoie, deçà les monts. Amédée VI, en la donnant en apanage à sa sœur Marguerite de Kibourg (1285), se réserve le droit d'y battre monnaie. Les deniers *mauriciens*, ainsi appelés de l'image du chef de la légion thébaine dont ils portaient l'empreinte, avaient cours dans le Valais, le Chablais et le Genevois. On les voit figurer principalement dans les comptes des châtelains de Chillon et du Chablais. Les évêques de Sion, qui n'avaient gardé qu'un droit apparent de seigneurie sur Saint-Maurice, avaient le droit de prélever une poignée *(unam manatam)* des monnaies nouvellement frappées dans cet atelier. Aucun document ne le signale postérieurement à cette époque; mais on peut, croyons-nous, considérer comme s'y rapportant une concession de battre, en Chablais, accordée, sans indication particulière de localité, à Manfred Frotta, monnayeur milanais, pendant l'espace de douze ans, à partir du 25 janvier 1350. Cet acte indique comme pouvant être frappées, en certaines quantités et à certains titres, diverses monnaies au type mauricien, connues en partie, dont le type semble confirmer leur attribution à ce lieu de frappe.

## CHAMBÉRY.

Peu après son acquisition par le prince Thomas, Chambéry vit ouvrir un atelier monétaire qui fut en plein exercice dans le treizième siècle, et subsista jusqu'au dix-septième siècle (1). L'atelier occupait la maison de la rue Vieille-Monnaie, n° 16, qui appartient actuellement à M. Révil, dont la distribution a été peu modifiée dès lors, et à laquelle se rapportent encore une description faite en 1421 et un acte d'état de 1721 qui mentionne « la galerie, l'endroit où l'on battoit monnoye. » Elle fut vendue par l'Etat en 1717 seulement, et sous la réserve du droit de rachat, au cas où l'on devrait encore battre monnaie à Chambéry.

Cette maison est ainsi décrite dans l'acte qui m'a été communiqué par M. Révil : « Acte de vente de la maison « appartenante à S. M., qui servoit cy-deuant pour la « fabrique de la monnoye, située dans la presente ville, « pres des religieuses de Ste Claire dans ville, joignant « la maison de M. le marquis Darvillars, du midy, les « moulins des R^ds P. Jésuites, une rivière entre deux, « du couchant, le monastère de Ste Claire, une rue entre « deux, du levant, et la maison du sieur Vullioud du « coste du septentrion....... pour 4,000 florins monnoye « de Savoye....... par le bail et tradition d'une plume...... « dans laquelle on a cy deuant fait la monnoye et dans « laquelle loge le sieur Dubusc, essayeur des dites mon- « noyes...... » Cette maison comprenait : « une cham- « bre et cabinet sur la rivière, deux hales couvertes d'ar- « doises contre le mur, du costé d'Arvillard, et sur la « rue le reste de la cloison et une chambre fermée..... « rue de la Monnoye. »

La réserve du droit de rachat par l'Etat donna lieu à

(1) Dans le compte du châtelain de Montmélian ( juin 1263 à juin 1264 ), figurent : « cc, *libris receptis de monetariis cudentibus monetam apud Chamberiacum concessam eis pro tanto per annum.* »

2

un acte d'Etat du 23 août 1721, par lequel M$^{lle}$ Claudine
de Villars, procuratrice générale du sieur Joseph Dardel,
son mari, lequel ayant acquis la maison de la monnoye,
désirant faire des réparations pour la rendre habitable,
et pour qu'en cas d'éviction ils puissent les répéter, re-
quit acte d'Etat...... De la visite faite par 2 maîtres ma-
çons et 2 maîtres charpentiers, il résulte que la maison
consiste en 4 chambres « trois costé riuière, une sur la
« rue avec une gallerie au dessous de la chambre et gal-
« lerie qui est l'endroit où l'on battoit la monnoye, à pré-
« sent servant de boutique..... » Acte fait en présence du
sieur Hyacinthe Horteur, maître orfévre et bourgeois, et
de maître François Gaillard, praticien, Charroct notaire.

Dans l'arrière-cour, contre le mur, du côté de l'Albane,
existe encore un réservoir en pierre qui recevait l'eau de
l'Albane par une conduite partant de la prise d'eau des
moulins, et qui, jusqu'à la suppression de ces derniers,
servit d'entrepôt pour les carpes apportées du lac d'Ai-
guebelette.

Les monnayeurs figurent très-souvent dans les comptes
des syndics de Chambéry; il s'agit parfois de médailles
à frapper en l'honneur d'un prince faisant son entrée
dans sa bonne ville avec sa jeune épouse ; mais, le plus
souvent, on les trouve mentionnés à la fin des comptes
où les syndics font figurer en décharge les taxes qu'ils
ont refusé de payer, ou dont les châtelains leur ont fait
rembourser le montant, en conformité de leurs priviléges.

Les maîtres, attachés d'abord spécialement à un atelier, cessent de l'être à partir de 1394, époque ou Mathieu Bonacorso est autorisé à faire frapper certaines
monnaies dans les divers ateliers de Savoie, suivant les

besoins. Il s'établit à Chambéry, et la ville, dans son intérêt et dans celui des monnayeurs habitant Chambéry, lui accorda 20 florins pour payer la location de sa maison pendant une année (1).

La fabrication était fréquemment interrompue par suite du manque de matières premières, de l'abondance du numéraire ou de la volonté du prince. La vie devenait difficile pour ces ouvriers, souvent sans ouvrage, ce qui explique en partie l'octroi de priviléges si nombreux, et leur longue durée. Nous donnons à la fin de cette notice les noms des maîtres et des ouvriers qui ont travaillé à Chambéry; mentionnons seulement ici que, sous l'occupation française, de 1544 à 1592, la monnaie de Chambéry fut ouverte le 15 juin 1542. André Rose est nommé pour quatre ans; il ouvrera 200 marcs d'or et 4,000 d'œuvre; il met deux roses à la fin des légendes, à croix et à pile (2).

Vers le milieu du seizième siècle, une « requeste est « présentée par les compaignons ouvriers et monnayeurs « de la présente ville de Chambéry, tendant à ce que, « afin qu'ils ayent moyen de pouvoir vivre en travailliant « à la dite monnoye de cette ville et au service de S. A., « le braissage leur soyt augmenté, ayant esgard que n'y « hayant continuellement besogne, ils demeurent la plus « part du temps sans travailler..... » La Chambre acquiesça à leur requête le 14 janvier 1566. En 1580, l'édifice n'étant pas en état de servir, les maîtres demandent

---

(1) Le texte du compte des syndics avait fait croire à Chapperon (*Chambéry au XIVᵐᵉ siècle*) qu'il s'agissait du premier établissement d'un atelier monétaire à Chambéry.

(2) F. de Saulcy (de l'Institut). *Eléments de l'histoire des ateliers monétaires du royaume de France, depuis Philippe-Auguste jusqu'à François Iᵉʳ inclusivement,* page 15.

à la chambre 5,000 écus de blanc par année pour agrandir le local et en louer temporairement un autre. L'autorisation ne fut pas accordée, car, en 1585, les fours et le matériel se trouvant hors de service, on dut renvoyer la fabrication à l'année suivante.

Afin de remédier aux inconvénients résultant de ces interruptions, l'on s'efforça de diminuer le nombre des ateliers et des monnayeurs (1), et plus tard on exigea que ces derniers fussent bourgeois de la ville dans laquelle ils travaillaient (2).

On battit de bonne monnaie à Chambéry en 1628, pour retirer la mauvaise, tombée hors de cours; en 1640, la Chambre des comptes ordonna encore aux officiers de l'hôtel des monnaies de Chambéry de retirer les monnaies défectueuses, afin d'en faire de bonnes; l'atelier, rouvert à cette occasion, travailla encore pendant dix ans environ.

Vers la fin du dix-septième siècle, cet atelier fut donné à ferme (1640), puis mis à l'enchère pour un terme de trois ans; des difficultés élevées par la Chambre des comptes interrompirent la fabrication. Un mémorial fut présenté à Charles-Emmanuel II (1660), sur les avantages qu'offrirait le rétablissement de l'hôtel des monnaies de Chambéry; il n'y fut pas donné suite, et, lorsque Victor-Amédée II voulut faire face au besoin de menue monnaie causé par le retrait des anciennes, le manque absolu de matériel ne permit point de l'utiliser. Elle servait d'habi-

(1) Règlement de la Chambre des comptes de Savoie, 1580. Duboin, page 375.

(2) En 1649, le nombre des ouvriers fut réduit à huit, et celui des monnayeurs à quatre, tous bourgeois de Chambéry. Duboin, p. 1208.

tation à l'essayeur de la monnaie, que nous y trouvons encore installé lors de la vente par l'Etat.

### SAINT-SYMPHORIEN-D'OZON.

L'ouverture de cet atelier a pu avoir lieu sous le comte Philippe, dont le comté de Salmorenc fut le premier apanage; c'est l'avis de Promis.

L'acte le plus ancien qui le concerne est l'hommage prêté par les monnayeurs Jean et Johannot Ginot à Amédée V, qui les autorise à battre monnaie dans le Viennois (1297). Ces deux monnayeurs se reconnaissent hommes liges du prince, eux et leur postérité, s'obligent à battre monnaie à son service, lui reconnaissant le droit de les faire reprendre et ramener partout où ils essaieraient de s'établir, en dehors de ses Etats.

Jacques de Varans, de Plaisance, et Pierre Alloyer, de Gênes, battirent à Saint-Symphorien, de 1306 à 1310.

Cet atelier n'eut pas une longue existence ; son nom figure, pour la dernière fois, dans un compte des trésoriers généraux de 1341-42, dans lequel Bernard Robert, maître de l'atelier de Chambéry, est reconnu comme ayant réglé son compte des monnaies faites à Saint-Symphorien jusqu'au 25 novembre 1340. En 1355, le Viennois était cédé au dauphin.

### BOURG.

Ce fut le comte Aymon qui ouvrit la monnaie de Bourg (1). Nous n'avons pas de documents relatifs à cet atelier anterieurs à 1369, époque où Bonacorso fut ap-

---

(1) Compte des trésoriers généraux, 1338.

pelé à travailler à la monnaie de Crémieu : « 20 août 1369, Bonacours de Bourg frappe à Crémieu. »

Il arriva fréquemment à cette époque que des monnayeurs des princes de Savoie furent chargés de diriger des ateliers du dauphin et du roi de France. Ainsi, le 16 juin 1376, Philippe Baroncel, de Florence, est nommé maître de la monnaie de Saint-Georges-d'Esperanche, où Humbert Viallet lui succède le 1er juillet; nous le retrouvons en 1397 à Crémieu, où il avait sans doute succédé à Bonacorso; il y meurt et est remplacé par Pierre Audouard.

De 1394 à 1400, Matteo Bonacorso alterna la fabrication à Bourg, à Pont-d'Ain, à Chambéry et dans quelques villes de l'autre côté des monts.

En 1543, André Morel est maître de l'atelier de Lyon et se sert du même différent placé par lui sur les monnaies battues à Chambéry : A. M.., initiales de son nom (1).

Cet atelier continua à travailler jusqu'à l'occupation française de 1536; sa recette, en 1527-28, était de 685 écus soleil (2). Il fut rouvert après la paix de Cateau-Cambrésis; lors de la réorganisation du système monétaire (1563), Emmanuel-Philibert fixa par un règlement les conditions et les ordonnances relatives aux monnaies battues à Bourg; elles durent être aux mêmes titre, poids et conditions que celles frappées à Chambéry. En 1601, la Bresse était cédée à la France, et l'atelier de Bourg était fermé, ainsi que le suivant.

(1) F. de Saulcy. *Eléments de l'histoire des ateliers monétaires du royaume de France depuis Philippe-Auguste jusqu'à François Ier inclusivement,* page 17.

(2) Compte du trésorier général Antoine Rave.

### PONT-D'AIN.

Le comte Aymon avait été élevé à Pont-d'Ain; il y ouvrit un atelier en 1338, sous la direction d'un maître des
monnaies, qui travaillait concurremment à Bourg avec
deux associés. Amédée VI, en 1352, concéda à Bonacorso Borgo le droit d'y frapper des écus d'or semblables
à ceux du roi de France et des florins d'or semblables
à ceux de Florence, en poids, titre et qualité. Le droit
de seigneuriage en fut fixé au 5 1/2 pour cent; ces monnaies d'or sont très-probablement les premières que firent frapper les princes de Savoie, ces ordonnances étant
les plus anciennes dans lesquelles figurent des monnaies
d'or.

Deux habitants de Pont-d'Ain devaient assister, chaque
semaine, aux épreuves et à l'expédition des monnaies. De
1394 à 1400, Matteo Bonacorso Borgo travailla alternativement à Pont-d'Ain et dans diverses localités deçà et
delà les monts.

### SAINT-GENIX.

Les comptes des trésoriers généraux, 1341-42 (archives de la Chambre des comptes), mentionnent un maître
des monnaies de Saint-Genix, sans donner son nom. Dès
cette époque, on ne trouve plus d'autres indices de l'existence de cet atelier que les comptes des deux maîtres
Jean de Chamaior et Bernard De Claustro, qui travaillèrent de 1354 à 1355 dans cette localité, plus importante
alors qu'aujourd'hui.

### YENNE.

Les protocoles Firmin contiennent une nomination à
l'office de « *maître de monnoye à la ville d'Jenne,* »
du 28 février 1352, avec indication du poids de la *loy*
et du *caractère de ladite monnoye* en or et argent, etc.
Il s'agit sans doute de l'ouverture temporaire d'un atelier
comme à Saint-Genix et à Pierre-Châtel.

### PIERRE-CHATEL.

Vers le milieu du quatorzième siècle, un atelier fut
ouvert temporairement au château de Pierre-Châtel, par
Bonacorso Borgo, de Florence, maître de la monnaie de
Pont-d'Ain, qui y travailla pour le compte de cet atelier.
Il s'y établit ensuite de 1355 à 1359, ainsi que le prouvent les comptes de ces années. Ce ne fut que postérieurement qu'Amédée VI établit l'ordre de l'Annonciade, et
fonda, à Pierre-Châtel, une chartreuse et une église pour
les chevaliers de cet ordre.

### CORNAVIN.

#### (La Croix-de-Cornavin, près de Genève)

Peu après que le duc Amédée VIII eut acquis (1401)
le comté de Genevois, il nomma Jean de Resetto maître
des monnaies dans la Savoie et le Genevois ; mais rien ne
prouve que celui-ci ait travaillé hors de Chambéry. Ce
fut le duc Louis qui ouvrit l'atelier de la Croix-de-Cor-
navin, aux portes de Genève, hors du bourg de St-Ger-

vais ; on possède les ordres de battre à cette monnaie depuis 1448. L'année suivante, le duc charge ses maîtres généraux des monnaies de nommer un garde de la monnaie *prope Gebennarum*, en remplacement d'Aimar Fabry, qui ne peut continuer, à cause de son âge et de sa faiblesse. Dès cette époque, les ordonnances, les ordres de battre et les comptes des maîtres nous conduisent jusqu'en 1532 ; à partir de 1530, l'atelier ne devait plus être à Cornavin, à la suite d'un mouvement populaire survenu à Genève (1) à cette époque, les édifices de la monnaie et les autres constructions hors de la porte de Cornavin ayant été détruits.

## AIX-LES-BAINS.

Cet atelier monétaire n'a pas été mentionné par les divers auteurs qui se sont occupés de la numismatique savoisienne. Nous avons trouvé la preuve de son existence dans le premier registre des parlements généraux des monnayeurs du Saint-Empire romain. Ouvert au commencement du quinzième siècle, il travailla concurremment avec celui de Chambéry ; son existence fut de courte durée. Ses ouvriers et monnayeurs se firent représenter aux parlements généraux de Valence (1408) et d'Avignon (1411) (2). Il n'existe aucune ordonnance le concernant, et nous n'avons pu découvrir les raisons qui firent établir temporairement une monnaie dans une localité aussi voisine de Chambéry.

(1) Bonnivard, *Chronique*, tome II, partie 2ᵐᵉ, page 590.
(2) Premier registre des parlements généraux, fᵒ 124.

## MONTLUEL.

Dans les premières années du seizième siècle, un atelier fut établi à Montluel ; il existe des ordonnances et des comptes rendus par le maître des monnaies, qui montrent qu'il fut en activité de 1503 à 1530 (1). On trouve des détails sur cet hôtel dans le compte-rendu de la visite faite, en 1528, par François Savoie, maître particulier des monnaies de Chambéry, en vertu de l'autorité spéciale à lui conférée. Il ordonne au vice-garde et au chef des ouvriers de ne battre aucune monnaie au-dessous de 30 carats, et de faire faire un trébuchet pour obtenir toujours le poids indiqué. Ils devront aussi se procurer une arche en bois fermant à clef pour placer l'*aulobostrum* (empreinte) (2) ordinaire, le livre du travail et les fers à *coingner* ladite monnaie, après le temps fixé par ses lettres. Il s'assure ensuite que les cinq monnayeurs et les trois ouvriers qui y travaillent ont le droit de battre monnaie par leur naissance, par nomination du prince ou par succession de parents.

## GEX.

Charles-Emmanuel I<sup>er</sup> a ouvert cet atelier peu après

---

(1) Duboin, lieu cité, page 770.

(2) Ducange : *Alabaustrum* idem qu'*Albaranum* (empreinte). — Ordonnances des rois de France, 1755, t. IX, p. 628, art. 10 : Peines contre les voleurs d'empreintes du scel : « Albaranos emendo et eis « utendo.......... falsos albaranos seu emprentas fabricando et eis fu-« rando. »

être monté sur le trône, probablement pour suppléer à celui de Cornavin, qui avait été détruit par les Genevois. En réponse à une supplique adressée à la Chambre des comptes par Nicolas Grand, nommé tailleur et essayeur de la monnaie de Gex, à la fin de juillet 1584, des instructions lui furent adressées sur ses fonctions, ainsi qu'une ordonnance de la Chambre, sur le titre des monnaies qu'il devait faire frapper.

Des ouvriers monnayeurs y furent envoyés de Chambéry, et restèrent 28 jours, voyage compris, pour établir cet atelier et y travailler (1).

Les comptes des maîtres des monnaies de Gex ne comprennent que les années 1584 à 1586. On voit, par le compte du trésorier général cité ci-dessus, qu'on a travaillé dans cet atelier en 1588, mais rien n'indique qu'il subsista jusqu'à l'époque de la cession de ce pays à la France.

### BIELLE (Bresse).

Vers le milieu du dix-septième siècle (1640-1642) une monnaie temporaire exista à Bielle, où l'on battit par ordre des princes, oncles et régents de Charles-Emmanuel II, le cardinal Maurice et le prince Thomas (2).

---

(1) Compte du trésorier général Emmanuel Dyan (1584) : « Plus « a payé à Jacquemin, Claude Guigoz, François Bosset, Jacques « Vescheu, Humbert Gaillard, Anthoine Savigny et Claude Janin, « ouvriers et monnayeurs de la présente ville de Chambéry, la somme « de 300 florins que la Chambre leur a ordonné pour les despenses « par eulx faites pendant le temps de 28 jours qu'ils auront vaqué « pour estre allés exprès en la ville de Gex, pour la fabrication de la « monnoye nouvellement érigée audit lieu, comme par mandat du « dernier juillet 1584. »

(2) Duboin, lieu cité, page 774.

Le peu d'importance de l'outillage nécessaire, et la faculté laissée le plus souvent aux monnayeurs de battre où ils voulaient, a pu faire ouvrir des ateliers d'une durée éphémère, dont les noms ne nous ont pas été conservés.

---

## ATELIERS MONÉTAIRES DE LA BRANCHE DE VAUD.

### THIERRENS — NYON.

Les princes de la branche de Vaud eurent successivement trois ateliers monétaires, vers la fin du treizième siècle. Dominique Promis pense que le premier fut établi dans le Bugey ou le Valromey par Louis I<sup>er</sup>, qui avait eu ces pays du sire de Beaujeu, en échange d'un château dans les Dombes. Devenu seigneur de Vaud en 1285, il usa du droit de battre monnaie qu'il avait obtenu de l'empereur Rodolphe l'année précédente, et ouvrit un atelier sur une terre dépendant, au spirituel, de l'évêché de Lausanne (1) *prope Terenivi* (Thierrens près Moudon). Cette monnaie n'étant qu'une contrefaçon de celle de Lausanne, l'évêque mit opposition, et un décret (1299) d'Albert, empereur des Romains, enjoignit au prince de se désister de cette fabrication jusqu'à ce qu'il eût prouvé la légitimité de son droit. Ce fut sans doute la cause du transfert de l'atelier à Nyon (2), où Louis I<sup>er</sup> fit battre monnaie, malgré les réclamations de l'évêque de Ge-

---

(1) 1297. Adolphe, roi des Romains, renouvela cette concession. *Regeste genevois*, art. 1426.

(2) Spon, *Histoire de Genève*, tome II, p. 86.

nève (1). Celui-ci fit défense, dans tout son diocèse (dans lequel cette ville était comprise), de recevoir la monnaie que le duc faisait frapper à Nyon (2).

Le procureur du prince se transporte aussitôt à Luly, où résidait l'évêque, et réclame contre cet acte, disant que l'évêque aurait pu et dû recourir à l'évêque de Vienne, au comte de Savoie, au pape, à l'empereur ou à des amis communs, pour régler leur différend. L'évêque réplique qu'il ne révoquera pas son ordonnance, et, à de nouvelles observations présentées par le procureur sur le droit du duc de battre monnaie, renvoie sa réponse au lendemain, à Genève. Les raisons insérées dans le mémoire, à l'appui des prétentions du prince, sont : 1° que, de temps immémorial, le prince et les siens ont battu monnaie dans leurs terres ; 2° qu'il le fait en Piémont, sur le territoire de l'évêché de Turin ; 3° que Nyon et sa terre lui appartiennent ; que cette ville a eu anciennement un évêché. Il se termine par un *appel*, adressé à l'archevêque de Vienne, à l'encontre des menaces et de l'interdit porté par l'évêque de Genève, *en faveur* du comte, de sa terre, de ses familliers, de ses sujets, des maîtres monnayeurs et ouvriers de ses monnaies, et de ceux qui en usent. Ce différend ne se termina qu'en 1308, par une sentence rendue entre l'évêque Aymon et Louis II de Vaud (3).

---

(1) 1298. *Regeste genevois*, art. 1617.

(2) « Quod nullus capiat monetam quam cudi facit dominus Ludo- « vicus apud Nyvidunum. » ( *Mémoires de la Société d'histoire et d'archéologie de Genève*, tome XIV, p. 271.)

(3) 1308. *Regeste genevois*, art. 1617. Sentence entre l'évêque Aymon et Louis II de Vaud au sujet des monnaies que lui et son père ont fait frapper.

L'évêque l'autorise à faire battre monnaie, sur le territoire qu'il possède dans son diocèse, à l'exception des terres de l'Eglise. La monnaie devra être bonne, légale et porter une empreinte différente de celle de Genève; elle aura cours, mais sans obligation de la recevoir. Le duc donnera cours, dans ses terres, à la monnaie de Genève, et reconnaîtra tenir en fief perpétuel de l'évêque et de l'Eglise de Genève le droit de battre monnaie, et leur en fera hommage. L'évêque aura le quart du bénéfice réalisé sur la monnaie frappée.

En 1350, la seigneurie de Vaud revint au comte Amédée VI, qui conserva l'atelier de Nyon. Une obligation de 1364, publiée par M. Malet (1), est signée de deux maîtres généraux des monnaies, qui ont travaillé récemment à Nyon. Des ordres de battre, de 1391, 1393, 1405, 1418, etc., autorisent les maîtres des monnaies à frapper certaines espèces de monnaies dont les légendes et les dessins sont indiqués. Les ouvriers de Nyon se firent représenter aux parlements généraux de Valence de 1390, 1414 et 1432; cet atelier subsista postérieurement à cette dernière date, bien que nous n'en ayons pas retrouvé de mention depuis cette époque.

(1) *Mémoires de la Société d'histoire et d'archéologie de Genève,* tome II.

## ATELIER MONÉTAIRE DES COMTES DE GENEVOIS.

### ANNECY.

Amédée III de Genevois, créé prince de l'empire par l'empereur Charles IV, voulut, à l'imitation de Louis, baron de Vaud, faire acte de souveraineté en émettant sa propre monnaie, sans s'inquiéter des droits régaliens que l'évêque de Genève possédait dans tout son diocèse. Quelques historiens prétendaient que le premier essai de battre monnaie aurait eu lieu à Annecy, antérieurement à 1356, année où Allamand de St-Jeoire protesta contre cette violation de' ses droits. Amédée se déclara prêt à s'en remettre à des arbitres pour juger le différend, et l'affaire n'eut pas de suite. Ce fut bien en 1356, *in domo de insula*, que ce prince commença à faire battre monnaie à Annecy, dont l'atelier fut fermé le 16 avril 1391, après 34 ans d'existence. Cela résulte d'une intéressante étude sur les monnaies du Genevois frappées à Annecy, que va publier M. Eugène Demole, conservateur du médaillier de Genève. Les documents qu'il a bien voulu communiquer à la Société florimontane, et les comptes des monnayeurs qui les accompagnent, prouvent d'une façon évidente qu'il y a eu erreur dans la croyance à l'existence, sous ce règne, d'un atelier clandestin qui aurait existé sur la commune de Poisy, où une ruine, au milieu des marais, porte encore aujourd'hui le nom de Château de la monnaie. Cette indication se trouvait corroborée en quelque sorte par le nom de *poises* (que l'on traduisait oboles de Poisy) donné à de très-petites monnaies de compte, deniers ou subdivision du denier, mais que l'on trouve usitées à Genève et dans d'autres pays dans les actes des quinzième et seizième siècles.

La ruine à laquelle la tradition a donné le nom de *Château de la monnaie* est située près du château de la Balme, à la limite entre Poisy et Epagny, et dépend aujourd'hui de cette dernière commune. Il est probable que la conformité de nom entre Poisy et Poises a donné lieu à la légende, qui, faute de meilleure explication, avait fini par être considérée comme réelle.

La visite du château de l'Ile à Annecy n'a fourni aucune indication sur l'existence d'un atelier monétaire, ce qui s'explique par les transformations qu'il a subies par suite des destinations successives qu'il a eues.

Ce vieux bâtiment, qui a servi de prison jusqu'après l'annexion et d'asile pour les vieillards jusqu'en 1882, doit être prochainement démoli ; à ce moment l'on fera peut-être quelque découverte intéressante comme en 1854, lors du curage des canaux qui l'entourent. M. Serand recueillit alors et déposa au Musée 26 pièces des comtes de Genevois, des débris de creusets et des résidus de métal ; comme ces trouvailles avaient été faites en aval de l'Ile, entre le palais et le pont Morens, l'on avait supposé que l'atelier monétaire avait existé dans une des maisons placées au bout du pont Morens. L'on croyait d'ailleurs que le palais ou château de l'Ile, acquis par la maison de Genevois-Nemours au XVIᵉ siècle, n'avait pas appartenu à la maison de Genevois, et l'on ne supposa pas dès lors qu'elle eût pu y avoir son atelier monétaire au XIVᵉ siècle.

Le registre des parlements généraux ne signale pas des monnayeurs d'Annecy au parlement de Chambéry en 1420, où ils n'auraient pas manqué d'assister ; à Saint-Marcellin, trois ans plus tard, on trouve indiquées les réceptions d'Antoine Lovanieri, bourgeois d'Annecy *(ex gratia ducis Sabaudie)*, et de Jacques de Vannès, du même lieu. Le nombre des monnayeurs était déjà restreint et limité aux bourgeois, sans admettre le concours des étrangers. En 1439, cet Antoine Lovanieri travaillait à Chambéry, et représenta à Avignon les monnayeurs de Chambéry, de Genève, d'Annecy et de Nyon; deux ouvriers d'Annecy sont cités : Jacques Vaneys ci-dessus et François Déosaus. Leur petit nombre semble indiquer que les ducs de Savoie, après être entrés en possession du Genevois, laissèrent subsister cet atelier sans l'augmenter, et qu'il cessa de travailler vers 1460, lorsque cette province fut donnée en apanage à Janus de Savoie, fils du duc de Louis, qui, par patentes du 28 novembre 1448, avait accordé qu'une monnaie serait établie à Annecy, sans que rien vienne nous indiquer qu'il y ait fait battre.

---

## LES MONNAYEURS ET LEURS PRIVILÉGES.

Au dixième siècle, l'art du monnayage était tombé dans un état de barbarie, et ne produisait que des types informes. A dater du onzième siècle, un progrès sensible se réalise. Les deniers d'Humbert II offrent déjà un progrès sur ceux des évêques de Maurienne, frappés à Saint-Jean et à Aiguebelle; ce type primitif s'améliora successivement et se modifia à partir d'Amédée V.

Le nombre des ouvriers était très-restreint, par rapport au mode de fabrication, et les princes devaient se les attacher par des immunités et des priviléges, que nous voyons augmenter à partir du treizième siècle, pour disparaître au seizième.

Les princes de Savoie octroyèrent à leurs monnayeurs tous les avantages accordés par les rois de France et par les Etats compris dans l'association des monnayeurs du Saint-Empire romain, et y ajoutèrent même les liens du régime féodal, compensés par des redevances et une protection qui s'étendait à leurs personnes et à leurs biens. Les détails en sont consignés dans un hommage de fidélité prêté au comte Vert (1) par Jean Ginot et Johannot, son fils, monnayeurs.

Ils promettent, par serment prêté sur l'Evangile, hommage lige et fidélité au comte de Savoie, et s'engagent à travailler, eux et leurs héritiers, à ses monnaies, partout où il voudra. Dans le cas où ils viendraient à sortir de sa juridiction, le comte aura le droit de revendiquer eux et leurs héritiers comme étant ses hommes liges. De son côté, Amédée V leur assigne dix sommées de froment à la mesure de Saint-Symphorien et quinze sommées de vin, mesure du même lieu, ou cent solides viennois, payables chaque année à Saint-Symphorien ou à St-Georges (d'Espéranche). Il leur garantit ces cent solides viennois sur le péage de Saint-Symphorien-d'Ozon jusqu'à la fête du bienheureux saint Michel, promettant en outre de soutenir et défendre eux et leurs biens, comme ses hommes liges. De plus ils doivent jouir en tout temps des franchises et des libertés accordées aux monnayeurs du roi de France, recevoir le même brassage et remède, ainsi qu'un salaire suffisant pour la gravure des coins.

_____

(1) Duboin, lieu cité, p. 65.

Tels étaient les moyens dont se servaient les princes pour retenir les monnayeurs à leur service, à une époque où les procédés matériels de frappe rendaient la production très-lente, malgré la simplicité et la grossièreté des poinçons et des coins employés. On ne pouvait y suppléer que par un grand nombre d'ateliers et d'ouvriers.

Amédée V, octroyant à deux étrangers le droit de battre monnaie pendant trois ans dans sa terre de Vienne, déclare que cette concession est faite de la manière usitée précédemment, ce qui fait remonter l'ouverture de cet atelier à une époque antérieure. Nous trouvons dans cet acte les devoirs et les priviléges des monnayeurs et les avantages dont ils jouissaient, détaillés d'une manière plus complète que dans le précédent.

Jacques de Saxe, de Plaisance, et Pierre Aloyer, de Gênes, sont chargés de battre toutes les monnaies noires et blanches qui devront se faire dans la terre de Vienne. Le comte doit leur faire donner un emplacement et une maison convenables pour travailler pendant qu'ils auront charge de battre monnaie, et leur procurer en nombre convenable des ouvriers et des monnayeurs de sa terre. Au cas où il ne pourrait leur en fournir, ils s'en procureront au dehors, sans que le comte ait à s'en étonner. Ils jouiront de toutes les coutumes et franchises usitées dans les autres ateliers, et aucun monnayeur ne sera autorisé à s'établir dans le Viennois pendant qu'ils y travailleront.

Ils donneront au prince, pour chaque jour de travail, 35 livres de petite monnaie noire, gain qui doit être retiré de huit jours en huit jours et fourni en égale proportion d'argent et de billon. Il est entendu que les semaines seront de cinq jours de travail et rendront au prince 175 livres, que les monnayeurs travaillent ou non. Dès qu'ils auront frappé une certaine quantité de monnaie, toutes celles en cours seront taxées à la valeur des nouvelles. Défense est faite, sous peine de confiscation, de sortir des Etats l'argent, le billon et la monnaie fausse, de refondre ou d'affiner du billon. Pour le premier mois, ils ne payeront au prince que 100 livres de petite monnaie noire.

Les gardes vérifieront la monnaie toutes les fois qu'ils en seront requis par les maîtres, et la recevront si elle est de poids et à la loi fixée; ils seront payés par les monnayeurs. Les marchands qui apporteront du billon ou de l'argent à la monnaie seront sauvegardés, à l'aller et au retour, eux et leurs biens.

Si l'on cessait de battre à St-Symphorien-d'Ozon, par suite de guerre ou d'abaissement du titre des monnaies par le roi de France, ils ne devront rien, et, lorsqu'il leur sera ordonné de battre de nouveau, ils s'obligent à payer. Pour assurance de l'exécution de leur contrat, ils doivent déposer 2,000 livres viennoises desdites monnaies.

Les sentences que l'archevêque de Lyon pourrait lancer contre les monnayeurs et leurs ouvriers seront considérées comme nulles. L'acte est signé par l'évêque de Maurienne, à la demande de Jacques et de Pierre; il fut passé à l'Ile-Barbe le dimanche des Cordes 1306.

Charles Ier (1) précisa dans quelles limites et de quelle manière les officiers des monnaies pouvaient profiter de leurs priviléges, pour faire cesser le préjudice porté au fisc par les monnayeurs, en faisant passer sous leur nom des marchandises ne leur appartenant pas. Les exemptions furent limitées à la durée de leur charge ou emploi, et

(1) 1486, Duboin, lieu cité, page 28.

restreintes à leurs biens propres, aux objets à leur usage et à celui de leur famille; le surplus devait payer les droits.

Amédée VI étendit à tous les ouvriers et monnayeurs de ses monnaies les priviléges des monnayeurs du royaume de France, et leur confirma ceux accordés par ses prédécesseurs. Ces priviléges des monnayeurs sont la reproduction de ceux accordés en 1333 par Philippe aux ouvriers et monnayeurs du serment de France, étendus à leurs femmes et à leurs familles en avril 1337.

Amédée de Genève, tuteur d'Amédée VII, les étendit aux monnayeurs du serment de Savoie, des comtés de Savoie et de Genève, à ceux qui se trouvaient empêchés d'ouvrer par infirmités, vieillesse ou faiblesse corporelle, pourvu qu'ils fussent disposés à travailler en cas de rétablissement.

Ces immunités et ces priviléges étaient fréquemment l'occasion de réclamations et d'entraves de la part du fisc, des particuliers, des communes, etc.; aussi cherchaient-ils à les sauvegarder et à les garantir, en les faisant approuver à l'avénement de chaque prince. Afin d'en maintenir la conservation, les monnayeurs de Savoie s'adressèrent au pape (1); Sixte IV leur accorda une bulle de confirmation (1475, 5 janvier) des priviléges et immunités concédés par les ducs de Savoie, dont ils prétendaient avoir perdu les actes. Ils obtinrent une nouvelle bulle d'Innocent VIII, en 1491, accompagnée d'une lettre pour en assurer l'observation. Ces priviléges étaient la cause de graves abus de la part des ayants-droit, vis-à-vis du fisc, aussi bien que vis-à-vis du public, abus qui amenèrent la réglementation, la diminution et finalement le retrait de

---

(1) Duboin, lieu cité, page 24.

droits aussi exagérés que contraires à une bonne et juste administration.

Charles III (1535, 15 octobre) les approuva et fit dresser des règlements généraux pour la fabrication, la vérification et la circulation des monnaies.

Antérieurement à ce règlement général, les règles de l'exercice et de l'administration de l'industrie monétaire émanaient des maîtres, généraux des monnaies et de la chambre des comptes; les lettres patentes de 1483 et un acte du 17 novembre 1528 semblent l'indiquer. L'absence de documents relatifs à cette matière dans les archives royales vient d'ailleurs confirmer que ces règles n'émanaient pas de l'autorité souveraine. Le travail dans les ateliers ne pouvait avoir lieu que de jour; dans les circonstances pressantes, il était dérogé à cette règle par ordonnance spéciale du prince et de la chambre des comptes (1). Ces priviléges furent confirmés par Amédée VIII (1415), Louis (1450), Amédée IX (1466-1476); les *decreta.... statuta vetera* d'Amédée VIII renferment toutes les conditions principales de fabrication et une opposition aux assemblées illicites ou à l'association des monnayeurs de Savoie avec les monnayeurs étrangers (2).

La juridiction des maîtres généraux des monnaies dans les causes civiles et criminelles des officiers et des ouvriers des monnaies fut révoquée par acte du 10 janvier 1544 (3).

A partir du dix-septième siècle, malgré les confirmations réitérées obtenues, les monnayeurs (4) furent en-

(1) Duboin, lieu cité, fº 72. Billet de S. A. R. en 1635, et ordre de la chambre des comptes de Turin en 1690.

(2) L. 2, ch. 99. *De qualitate, officio et juramento monetariorum.*

(3) Duboin, lieu cité, page 116.

(4) Duboin, lieu cité, page 75.

través de toutes parts dans la jouissance de leurs priviléges. La chambre des comptes et le sénat mettaient tout
en œuvre pour mettre fin à ces abus, et refusaient l'entéri-
nement de leurs lettres patentes. Celles de 1625 ne le
furent point et ne figurent pas dans le recueil de leurs
priviléges, imprimé en 1699; il en fut de même en 1633
et 1635.

Ces immunités, si préjudiciables au trésor public et
hors du droit commun, auraient certainement été sup-
primées plus rapidement sans les régences rapprochées
qui, à cette époque, retardèrent plus d'un progrès dans
la législation et les finances de la Savoie.

L'un des régents, pour augmenter le nombre de ses
adhérents, accordait-il quelques priviléges, les autres se
voyaient obligés d'en faire autant pour conserver une part
du pouvoir. Ainsi, pour les monnaies, voyons-nous des
lettres patentes émanées de la régente, le 28 février 1638,
être suivies de semblables données par le cardinal Maurice et le prince Thomas, le 21 août 1639, puis par le
duc Charles-Emmanuel II, le 13 mars 1641, renouvelées
en 1650 à la suite d'instances de la part des monnayeurs.

La chambre des comptes refusa d'entériner ces dernières, et, après de nombreuses et continuelles sollicita-
tions, ne les reçut qu'à la fin de 1665 et les restreignit en
grande partie dans l'acte d'entérination (4 février 1666).
Un décret du 27 janvier 1635 (1) avait limité les priviléges aux ouvriers et aux monnayeurs figurant sur une
liste arrêtée par l'auditeur et le super-intendant général
des monnaies.

Les réclamations du public étaient renfermées dans

_____

(1) Duboin, lieu cité, page 41.

les doléances des assemblées des trois états, dont les procès-verbaux ont malheureusement été détruits ou cachés pour atténuer l'importance de leur rôle. Les écrivains nationaux n'en ont point parlé, parce que le gouvernement, craignant de voir réclamer leur rétablissement, empêcha de recueillir et de faire connaître les documents qui s'y rapportaient.

Les recherches faites par Duboin ne lui ont fait rencontrer que quelques réclamations des quinzième et seizième siècles, relatives surtout à la valeur et au cours uniforme des monnaies et au retrait des espèces, inférieures en titre et qualité, frappées par les monnayeurs à l'encontre des édits. Jolly et Duboin (1) ont rapporté un édit du duc Charles III qui résume en quelque sorte les sujets de réclamations présentées par les trois états des diverses provinces contre les abus des monnayeurs.........
« Dans plusieurs réunions des trois états, il nous a été
« exposé et supplié de pourvoir aux erreurs et aux abus
« qui sont commis chaque jour à l'encontre des mon-
« naies. Désirant y pourvoir, nous avons reconnu néces-
« saire de faire de nouvelles ordonnances pour rétablir
« le régulier cours des monnaies. » Ces ordonnances furent approuvées par les conseils résidants de Chambéry et de Turin.

Nous ne pouvons que déplorer les mesures inintelligentes et barbares qui nous ont privé de documents aussi importants pour notre histoire nationale, aussi bien que pour le sujet que nous exposons.

Terminons ce qui regarde les monnayeurs par l'exposé des règlements auxquels ils furent soumis à partir du seizième siècle.

(1) Lieu cité, page 683. *Ibidem,* page 83.

### MAITRES GÉNÉRAUX.

Ils doivent être sujets du prince, être examinés par quatre maîtres généraux et prêter serment entre les mains des présidents et des maîtres de la chambre des comptes. Leurs gages ne leur seront point payés par les maîtres particuliers, avec lesquels ils ne pourront avoir aucun rapport d'intérêt.

Tous les trois mois, au moins, ils visiteront les ateliers pour reconnaître la bonté des monnaies fabriquées, et contrôleront les registres des gardes et des essayeurs. Ils vérifieront les poids dont se servent les maîtres particuliers, les ouvriers, etc.; ces poids doivent être semblables à la matrice de la chambre des comptes, qui est la reproduction de celle de Paris.

Ils s'assureront que les maîtres particuliers ne frappent pas en plus grande quantité que ne le portent les ordonnances, et pourront arrêter la fabrication, s'ils la jugent suffisante.

Ils pourront arrêter et faire détenir ceux qui se seraient rendus coupables de vol dans les maisons des monnaies, et les retenir jusqu'à restitution. Ils tiendront un rôle des officiers et des employés, et le remettront à la chambre pour s'assurer que chacun d'eux travaille dans la localité qui lui a été désignée.

### MAITRES PARTICULIERS.

Les maîtres particuliers sont également examinés par quatre maîtres généraux, et, une fois nommés à un atelier, ils doivent donner une caution.

Ils s'obligent à avoir des ouvriers et des employés en nombre suffisant, et à ne pas employer des ouvriers étrangers sans la permission des maîtres généraux ou des gardes; ils prennent à leur charge le matériel appartenant au prince et celui délaissé par leur prédécesseur.

Les essais seront placés dans une boîte en fer, fermée par six clefs : trois au second fond, que garderont le clavaire de la chambre, le maître et l'essayeur; une au premier fond, qu'aura encore le clavaire; les deux autres s'adapteront à l'ouverture par laquelle on met les deniers des délivrances et des briefves, et resteront entre les mains du maître et de l'essayeur. Cette boîte sera en outre fermée dans le coffre du seigneur, dont le garde et le contre-garde auront les deux clefs. Lors des vérifications, la *boette* sera cousue dans un sachet, enveloppée ainsi que les papiers et les registres, et scellée par le secrétaire et le garde des monnaies pour être portée à la chambre des comptes. Le triage et la vérification des monnaies d'or et d'argent seront faits en présence de la chambre, des maîtres généraux, du maître particulier et de l'essayeur.

Si les essais indiquent que les délivrances sont hors de poids et de remède, le maître sera puni d'une amende double de la différence reconnue; l'amende sera quadruplée si l'erreur se reproduit une seconde fois, et à une troisième le maître sera remis à la miséricorde du seigneur.

### GARDES, CONTRE-GARDES ET ESSAYEURS.

Ils sont également examinés par quatre maîtres généraux et prêtent serment à la chambre des comptes. Leur charge consiste à surveiller les fournaises, à tenir note des délivrances des matrices et des coins, à s'assurer de la justesse des balances et des poids.

Les essayeurs sont examinés par quatre maîtres généraux, quatre maîtres particuliers et deux essayeurs. Ils essayent les métaux apportés pour la mise en œuvre, le métal préparé et les monnaies après la fabrication.

## FAUX MONNAYEURS.

La simplicité et l'imperfection du mode de fabrication des monnaies rendaient leur falsification facile, et les moyens mêmes employés par les princes afin de cacher les fraudes dont ils se rendaient coupables pour remplir leurs trésors étaient une garantie pour les faux monnayeurs. Nous voyons, en effet, les peines les plus sévères édictées contre les billonneurs (1) qui faisaient fondre les monnaies, peines qui atteignaient ceux qui auraient voulu faire des essais et des analyses; moyens qui, en faisant découvrir la véritable valeur des espèces en cours, auraient également indiqué la composition et le titre des pièces émises par les ateliers du prince, aussi bien que de celles frappées par de faux monnayeurs. Seuls les signes ou points secrets permettaient aux maîtres des monnaies, dont ils engageaient d'ailleurs la responsabilité, de reconnaître la monnaie vraie de la fausse, et la valeur relative des pièces des diverses émissions.

(1) Ordonnances des rois de France, tome II, page 279, et lettres patentes des princes de Savoie. Duboin, lieu cité, *passim*.

La diffusion de la fausse monnaie, en l'absence de con-
trôle, était rendue facile en Savoie, sa position entre la
France, la Suisse et le Dauphiné permettant de répandre
au dehors des pièces dont le type, facilement imité, et
toutes les apparences semblaient garantir la bonté. Des
particuliers même obtenaient de faire frapper, dans les
ateliers monétaires, des pièces à des types admis dans
d'autres pays, à la seule condition de ne pas les mettre
en cours dans l'Etat. Le besoin de petite monnaie ouvrait
un large champ au commerce et à la fraude, et sa diffusion était fructueuse et sans grands dangers pour ceux
qui s'y livraient. Aussi les peines les plus sévères étaient
portées contre les faux monnayeurs et contre tous ceux
qui se rendaient coupables de la distribution et du trans-
port de la fausse monnaie. Dans les Etats de Savoie, la loi
condamnait le faux monnayeur, suivant la gravité des cas,
à la perte des yeux, à la peine de mort par strangulation,
par le feu et par celle, plus terrible encore, dans l'eau ou
dans l'huile bouillante (1). Au seizième siècle, de grosses
amendes permirent aux coupables de se racheter dans bien
des cas. Un faux monnayeur fut puni par la perte des yeux
à Cumiana (1335); en Savoie, Pierre de Sion et Théobald
de Troes périrent, le premier dans l'eau bouillante, et le
second par le feu (1342). Un maître des monnaies de
Nyon, Mathieu Bonacorte (Bonacorso), ayant commis des
malversations, fut condamné à une amende de mille florins (1390) (2); il continua à fabriquer, et, s'étant de

---

(1) Louis Cibrario, *Opuscoli.* Torino, 1841, page 41.

(2) « In monetis domini tam auri quam argenti sepe violasse et fa-
« bricasse et in eis dolose peccasse in auctoritate lege materia diffa-
« mando dictas monetas et cursum ipsarum. » Comptes des trésoriers
généraux. Cibrario, *Economie politique,* page 210.

nouveau rendu coupable de falsification et d'affaiblissement de la monnaie, fut condamné à mort et exécuté à
Chambéry le 30 mars 1405 (1). Les monnayeurs et les
maîtres des monnaies eux-mêmes se laissaient entraîner
à augmenter leurs bénéfices, déjà considérables, par des
profits illicites. Les comptes des trésoriers généraux
contiennent plusieurs instructions et procès contre les
monnayeurs, aussi bien que contre les faux monnayeurs
et les exporteurs de matières d'or et d'argent (2).

## DE L'ASSOCIATION DES OUVRIERS MONNAYEURS DU SAINT-EMPIRE ROMAIN

### ET DE LEURS ASSEMBLÉES OU PARLEMENTS GÉNÉRAUX.

L'affiliation au serment d'Empire des monnayeurs et
ouvriers travaillant dans les ateliers monétaires de Savoie
a complètement échappé aux recherches si importantes
d'ailleurs des écrivains qui se sont les premiers occupés de
recueillir les documents relatifs au monnayage en Savoie.
M. le docteur Chaponnière a fait connaître ces assemblées
d'après le second registre de leurs procès-verbaux exis-
tant à Genève, et M. Rabut François a reproduit les parties de cette publication intéressant plus particulièrement

---

(1) Chapperon, *Chambéry au XIVe siècle*, page 245.

(2) « Pro expensis factis vacando in faciendo processus contra ma-
« gistros monetarum et nonnullos alios qui billionos auri et argenti a
« comite Sabaudie extraxerunt ultra inhibitiones domini. » (Compte
de Jacques de Fistilleux, trésorier général, 1404-1406).

la Savoie. Nous avons complété leur étude de tous les renseignements recueillis dans le premier registre des procès-verbaux de ces parlements, qui existe à la Bibliothèque nationale. Nous avons étudié l'association et sa marche dès son origine, recherché les noms des Etats et des villes qui y prirent part, et, pour quelques-unes, l'époque de leur entrée dans l'association.

Sous cette dénomination d'ouvriers monnoyers du Saint-Empire romain étaient compris les monnayeurs et ouvriers nommés par l'empereur ou par les princes et prélats tenant de lui droit régalien de battre monnaie. L'association s'étendait à tous les Etats compris dans l'ancienne Provence; ils formaient une société importante jouissant de nombreux priviléges, ayant ses règlements et ses assemblées législatives ou parlements généraux. Ces princes reconnurent cette institution, confirmèrent ses priviléges en y ajoutant de particuliers pour leurs Etats. Charles III de Savoie constitue monnayeur (1509), pour battre tant dans ses domaines que dans tout l'empire romain, Etienne Curtilliat, de Chambéry. Cette nomination est le seul indice pouvant se rapporter aux monnayeurs du Saint-Empire romain, que nous ayons trouvé dans Duboin.

M. Chaponnière dit qu'Amé VI fut l'un des fondateurs de cette association (1), sans donner des preuves de son affirmation, que nul document ne me semble confirmer. Elle est sans doute basée sur le passage suivant de ses lettres patentes de 1343 (2), qui peuvent y avoir en effet quelque rapport (*monetariis*) : « Concedimus quod

(1) *Société d'histoire et d'archéologie,* tome II, page 49.
(2) Jolly, *Compilation des anciens édits des princes de la maison de Savoie.* Chambéry, Estienne Riondet, 1572 (f° 690).

ipsi et eorum quilibet ad operandum et monetandum in nostris monetis............ dum ipsi fideliter operabuntur, et............ recipiantur et omnibus aliis operariis et monetariis extraneis ad operandum et monetandum in eisdem proponantur et etiam admittantur. »

. Dans celles du 24 avril 1351, il est encore dit : « Operariis et monetariis dictarum monetarum....... qui tamen sunt et erunt de sacramento nostri Sabaudie comitatus omnes franchisias........... confirmamus (1). »

Ces termes se rapportent aux ouvriers monnayeurs de ses Etats et à l'admission d'ouvriers étrangers, si besoin était, de même qu'on le voit dans les lettres patentes d'Amédée VIII, de 1415 ; il s'agit dans ces textes des serments de Savoie et de Genevois.

L'association avait pour but de garantir la jouissance réciproque de leurs nombreux priviléges à tous les monnayeurs admis à exercer dans ces provinces, et de créer un corps supérieur pouvant condamner ou absoudre les ouvriers qui recouraient à lui ; d'élire un prévôt et des juges, de faire des constitutions et des ordonnances, de fixer leurs droits et leurs devoirs, de régler les rapports des monnayeurs entre eux et de diriger les prévôts de chaque atelier dans les jugements qu'ils avaient à rendre.

Recherchons l'époque où se forma cette corporation et celle où fut gravé son sceau, dont deux empreintes différentes ont été reproduites par M. Laugier, conservateur du cabinet des médailles de Marseille, qui a bien voulu nous faire cadeau de la planche dessinée par lui.

C'est dans le courant du douzième siècle que les grands vassaux dont les fiefs étaient compris dans l'ancien

---

(1) Duboin, lieu cité, page 49.

royaume de Bourgogne, qui ne possédaient pas le droit
de battre monnaie, en furent investis par l'empereur.
L'ouverture de ces nombreux ateliers nécessita une
grande quantité d'ouvriers qu'ils durent s'attacher par
des concessions et des priviléges. Pour réglementer et
assurer la conservation de leurs priviléges, ces ouvriers
se réunirent en association sous le nom de *monnoyers*
*du serment d'Empire.*

Ces monnayeurs se distinguaient des ouvriers et monnayeurs des autres serments : serments de France, de
Toulouse, d'Espagne, etc., et n'étaient pas admis, sauf de
rares exceptions, à travailler dans les pays qui n'étaient
point compris dans leur serment (1). Les monnayeurs
d'un même serment se réunissaient à des époques déter-
minées, et dans des localités fixées d'avance, pour dis-
cuter leurs intérêts, s'assurer la conservation des priviléges, régler les admissions des nouveaux membres, etc.

A partir du quatorzième siècle, les assemblées des
monnayeurs du serment de l'Empire prirent un caractère
de régularité. Le 3 mai 1343, fut tenu à Romans leur
premier parlement général, où fut discutée la charte des
constitutions et ordonnances de cette importante association. Le règlement définitif fut arrêté au parlement de
Valence en 1392, et l'on décida de faire copier, sur un
registre en parchemin, les décisions prises précédemment, les feuilles de papier sur lesquelles elles avaient
été écrites tombant en lambeaux.

---

(1) En 1327 et 1329, les ouvriers faisant défaut dans les ateliers du
royaume de France, ordre fut donné « pour quérir es-ville s plus pro-
« chaines tel nombre d'ouvriers et monnayers qu'il sera nécessaire
« tant du serment de France que de l'Empire, » autorisation accordée
pour un temps limité. Boizard, *Traité des monnaies.* — Montheil.
*Histoire des Français des divers états,* page 490.

Il existe deux registres des protocoles de ces réunions : le premier va de 1342 à 1466, et contient trente-cinq procès-verbaux ; le second commence en 1469 pour finir en 1527, et renferme quinze procès-verbaux. Le premier, confié aux monnayeurs de Romans, resta entre les mains du procureur après la fermeture de cet atelier, et, après avoir passé par plusieurs mains, est aujourd'hui à la Bibliothèque nationale (n° 9070 du fonds latin) (1). Le second, laissé à Genève en 1527, la grande fermentation qui régnait alors dans cette ville ayant empêché la réunion du parlement, fait partie des manuscrits de la bibliothèque publique de cette ville (2).

Nous empruntons à Senebier (3) la description du second registre, dont le commencement est la copie exacte des actes originaux contenus dans le premier, relatifs aux usages établis pour régler la marche de ces assemblées. « Le livre des parlements généraux pour les « monnoyes, » vol. in-folio vélin...... On y trouve un acte qui établit la forme de ces assemblées, accompagné des signatures originales et de son sceau. « C'est la forme « et la manière comment l'on doit procéder et commen- « cer à tenir parlement général, » lieu de l'assemblée, messe, élection des officiers, police qu'on doit y exercer, « lesquelles ordonnances, statuts et institutions ci-dessus

---

(1) Nous devons à l'obligeance de M. Lecoy de la Marche, ancien archiviste de la Haute-Savoie, professeur d'histoire à l'université catholique de Paris, d'avoir pu facilement obtenir copie de la partie qui intéressait la Savoie.

(2) M. Paul Lullin, de Genève, dont la science historique déplore la perte, avait bien voulu faire copier pour notre travail tous les passages de ce registre concernant les ateliers monétaires de Savoie qui n'avaient pas été publiés par M. Chaponnière.

(3) *Catalogue raisonné des manuscrits de la ville de Genève,* page 382, n° 146. Genève, 1779.

« escrites selon la fourme, manière et téneur d'icelles.....
« Nous François de Portaiguières prevost général de sa
« voulonté et consentement ordonnons qu'elles soyent
« observées en leur entier... Donné en notre grand parle-
« ment tenu à Valence le X$^e$ jour du mois de may 1392. »

A la page suivante sont écrits quatre passages des
Evangiles sur lesquels les procureurs et les monnayeurs
reçus prêtaient serment; au milieu est peint un Christ
en miniature; au bas est la formule du serment.

A la suite de ces préliminaires, le premier registre
contient la relation détaillée de chacun des parlements,
qui presque tous furent tenus dans le Viennois, principalement à Romans et à Valence, premiers centres de
l'association. Quatre réunions seulement eurent lieu dans
les Etats de Savoie : une à Tein près Thonon (en 1351);
cette indication, incomplète ou inexacte, ne permet pas
de reconnaître de quelle localité il s'agit; peut-être est-ce
Thierrens dans le pays de Vaud; deux à Chambéry
(en 1420 et 1515), dont l'atelier envoya des représentants
aux premiers parlements, et une à Turin en 1503.
A partir de 1386, les ateliers d'Aviliano et de Pignerol
figurent associés à celui de Chambéry; Nyon paraît en
1390; en 1448 nous trouvons Aix, dont les représentants assistent à trois parlements : Turin, en 1447 ? (1);
Asti et Annecy, en 1429; la Croix-de-St-Gervais (Cornavin), en 1435.

Les protocoles du second registre commencent par un
acte fait le 23 mai 1469, à Bourg..... « De l'authorité et
« puissance de notre Saint-Père le Pape de Rome et des

---

(1) Quatre pages qui manquent au registre rendent la date dou-
teuse.

« très-excellents hauts souverains et puissants princes
« et redoutés seigneurs l'Empereur, le Roy daulphin de
« France, du Roy de Cécile, Jérusalem et Arragon, du
« duc de Bourgogne, du duc de Savoie, du duc de Bre-
« tagne et tous autres seigneurs ayant puissance de faire
« monnoye, lesquels nous ont donné libertés, priviléges,
« franchises, exemptions de fere assemblées pour con-
« damner et absoudre aux ouvriers et monnoyers du
« Saint-Sacrement de l'Empire......... pourquoi seront
« tenus les dicts ouvriers et monnoyers du dict sacre-
« ment de l'Empire de ordonner ung parlement de
« temps certain pour faire convenir tous ceulx qui déso-
« béiront es ordonnances..... lesquels parlements auront
« puissance de créer, constituer ouvriers et monnoyers...
« sont les dictes insérées et escrites..... En ce livre nou-
« vellement on commence pour ce que le vieil livre est
« pesant a pourter, il est compli d'écritures lequel de-
« meure dans la garde des ouvriers monnoyers de
« Romans. »

Le premier registre est de près de trois cents pages ;
le second en comprend plus de cent. Ils renferment des
procès-verbaux très-diffus et des règles générales, comme
celles d'une confrérie, sans arrêtés formulés pour des
cas spéciaux, et avec des variations assez considérables
sur un même point d'un parlement à un autre. Les
travaux de chaque assemblée se terminent par l'inscription des procureurs présents et de leurs mandants,
avec l'indication des villes qui les ont envoyés; c'est
la partie la plus intéressante (1). Les parlements géné-

(1) Parlement de 1390 (f° 79 verso). « Jehan Angelier, procureur
« pour les ouvriers et monnoiers de Chambéry et de Nyons en Vaux. »
Parlement de 1397 (f° 98 et suivants) : « Cy en aprèz s'en suivent les

raux recevaient dans l'association, comme ouvriers et monnayeurs, ceux qui présentaient des lettres de créances (1) ou de requêtes accordées par les princes (2), ceux qui y avaient droit à titre héréditaire et ceux qui s'adressaient directement aux parlements. Lorsque l'institution eut perdu de sa force, les corps de monnaie s'arrogèrent le droit de nomination, et le titre purement nominal de monnayeur fut fréquemment acheté pour profiter des exemptions. Cet abus fut la cause d'ordonnances, de limitations, etc.; aussi Montheil a-t-il pu dire avec raison (3) : « Les monnayeurs se composent des ouvriers, qui ne font pas grand'chose, et des officiers surveillants, qui ne font rien et sont exempts de tous impôts. »

L'office, héréditaire pour le fils aîné ou la fille aînée des monnayeurs (4), pouvait se transmettre de la fille à son fils, au neveu et au cousin. Il fallait prouver sa parenté et faire conster d'une conduite, d'une vie et d'une réputation sans reproche. Les fils de monnayeurs payaient un marc comme droit d'entrée; ceux reçus par grâce payaient deux marcs; le récipiendaire donnait un haut-

« noms et seurnoms par ordre de tous les procureurs et aussi tous
« les noms et seurnoms des ouvriers et monnoiers du serment de
« l'Empire qui ont constitué les diz procureurs. »

(1) Parlement de Chambéry (1420). « Nomina receptorum........ ex
« crescencia concessa per ducem Sabaudie sive ex graciis plurimo-
« rum debitorum...... quod fuit indebite et injuste contra nostra privi-
« legia.... et (quorum) omnes dictas receptiones valere concedimus....
« Sequuntur illi qui fuerunt recepti.... ex gracia domini ducis Sa-
« baudie. »

(2) 1469, à Bourg, de Bussi, dit de Lalaz, est reçu par requête de
M^me la duchesse de Savoie et du comte de Beaugé (chap. 71).

(3) Montheil, lieu cité, t. I.

(4) 1473. Lyon. Catherine, fille d'Antoine Viviand, de Bourg, fut
reçue, ainsi que six ouvriers.

de-chausses au prévôt, un pourboire aux compagnons, et payait ses lettres de nomination au notaire, avant de prêter serment.

Le monnayeur qui se mariait postérieurement à sa réception payait un marc; s'il était marié avant sa réception, les enfants qu'il avait ne pouvaient prétendre à hériter de l'office de monnayeur. Toutes les nominations étaient vérifiées par les parlements généraux, et en recevaient confirmation; elles n'étaient pas valables si elles ne venaient point des princes dont les Etats étaient compris dans l'association du serment d'Empire.

La marche générale suivie pour ces assemblées était la suivante : chaque parlement désignait le lieu, l'année et le jour de la prochaine réunion. Toutes les monnaies faisant partie de l'association devaient y déléguer un représentant; l'atelier qui manquait à cette obligation (1) et les ouvriers qui ne prenaient point part à son élection payaient une amende de 20 sols. Si le procureur n'était

(1) Parlement d'Avignon, 1392 (f° 90 verso du 1er registre). « Nous « François de Porte Aiguière de la cité d'Avignon, prévost général.... « pour aucuns defaulxs et déliz qui sont contre nos status et ordon- « nances....... avons condempné et condempnons les personnes qui « s'ensuivent aux sommes ci-dessoulz désignées et imposéz, et mis « commissaires à lever, exiger et faire contraindre, compellir et rece- « voir les sommes, lesquelles dessoulz diz seront condempnés..........
« Item sont condempnez Bernard de Chambéry, Eymonet, son filz, « Pierre Guionet et Crestin, son filz, Jehan Crestinet, Guionet de « Villette, Ivonet Alexandre, Humbert Corbel, chacun d'iceulx pour « qui sont ouvrans sont condemnez en xx sols pour le deffault de ce « présent parlement, et sont commissaires a lever les dites condemp- « nacions Paronons (ailleurs Perronetus) de Bays et Bernard Vallet, « de Crémieu.......
« Item maiz condempnons les dessus dis pour le deffault qu'ilz « n'ont envoié au parlement et qu'ilz n'ont paié leur boiste, ainsi « comme ilz ont promis et juré à l'ordonnance des commissaires , « ainsi comme se nous étions présens. »

point une personne suffisante (remplissant les conditions
requises), l'atelier qui l'avait envoyé payait 10 sols d'a-
mende; lorsque les représentants n'étaient pas en nombre, la réunion était renvoyée à l'année suivante (1).
Ces assemblées se tenaient en mai, et s'ouvraient le
plus ordinairement le 3, jour de l'Invention de la Sainte
Croix.

Les procureurs devaient arriver le jour ou le lendemain
de l'ouverture, à peine de 20 sols; ils étaient défrayés de
leurs dépenses à raison de 12 sols par jour, s'ils voya-
geaient à cheval, et de 8 sols, s'ils venaient à pied. A leur
arrivée, le prévôt des monnayers de la ville les retirait ou
leur procurait un honnête couvert (2). Le jour de l'ouverture, procureurs et assistants devaient entendre la
messe et y faire dévotement leurs prières, « afin que tout
« fût fait (dans ce parlement) à la louange de Dieu, de
« la cour céleste, du paradis, des princes, etc. »

On se rendait ensuite dans le lieu des séances, habi-
tuellement l'hôtel de la monnaie, où chacun des représentants, après avoir montré sa procuration, prêtait
serment; puis l'on élisait le prévôt général. Celui-ci,
après avoir pris place au centre du bureau, plaçait sur
sa tête un chapeau de fleurs, marque de sa dignité, et
indiquait à chacun des procureurs la place qu'il devait
occuper pendant toute la durée du parlement. La séance
s'ouvrait par le serment, prêté par tous les procureurs,
puis par le prévôt général, de donner loyalement leur
avis sur chaque question. Ceux qui avaient eu charge de
garder le livre et le sceau de l'association, ainsi que les

---

(1) Le parlement de Lausanne, en 1518, fut renvoyé à cause du petit
nombre des représentants présents.
(2) F° 67 du deuxième registre des parlements généraux.

doubles clefs qui les fermaient (1), les remettaient au prévôt, lequel s'assurait que le livre n'avait point été ouvert, et que le sceau était resté fermé dans sa gaîne depuis la dernière assemblée. Au seizième siècle, les sceaux du procureur et de l'association remplacèrent les clefs, dont l'emploi présentait des inconvénients.

Les sceaux n'étaient rompus que lorsque tout ce qui devait être écrit et scellé était terminé ; les procès-verbaux relevés sur le registre, copiés et scellés en autant d'exemplaires qu'il y avait de procureurs, le livre et le sceau étaient à nouveau fermés, revêtus du scel de l'association et de celui des procureurs, pour les garantir jusqu'au prochain parlement, et ils étaient remis, le premier, au procureur de la ville fixée pour la prochaine réunion ; le second, au procureur de la ville la plus rapprochée.

Le dernier parlement général fut tenu à Bourg, en 1523 ; il y fut décidé qu'on se rendrait à Genève quatre ans après ; cette assemblée n'ayant pu avoir lieu, les parlements ne furent plus réunis par suite de l'état de décadence dans lequel l'institution était tombée depuis plusieurs années. C'est ainsi que le second registre des parlements resta à Genève entre les mains des monnayeurs, et fut ensuite déposé à la bibliothèque publique. Les ateliers monétaires, déjà réduits à deux en Savoie, n'occupaient qu'un nombre limité d'ouvriers, dépouillés en partie de leurs anciennes immunités, et, à partir du dix-

(1) Parlement de Bourg, 1469. Giraud, lieu cité, p. 366 : « A été ordonné tenir le prochain parlement à Lyon sur le Rhône d'ici à quatre ans. » Le livre est laissé à Bourg, une des clefs est portée à Genève, l'autre à Romans ; le *scel* va à Crémieu, l'une des clefs à Lyon, et l'autre à Lausanne.

septième siècle, il n'y eut plus que l'atelier de Turin qui fonctionna pour tous les Etats de Savoie.

Les deux empreintes du sceau des monnayeurs du St-Empire, reproduites dans la planche ci-jointe, ont été évidemment faites avec le même sceau, sur lequel les armoiries de Lausanne ont été ajoutées à une époque relativement récente, que nous indiquerons plus loin.

Ce sceau est rond, de 0,125 de diamètre; au centre, le Christ, nimbé, assis sur un siége dont les bras sont terminés par des têtes d'animaux acculés, dont les pieds et le devant du corps forment les montants. Il est vêtu d'une robe longue et d'un manteau fixé sur la poitrine au moyen d'une agrafe. De ses mains levées, la droite bénit, les deux derniers doigts sont baissés; la gauche porte un globe crucigère. Il est placé dans un double contour de six lobes aboutés, ayant des trois-feuilles aux angles de jonction qu'enferme une légende entre deux grenetis : ✝ S. MAGNVM COMUNE PARLAMENTI GENERALIS COSTIT (*sigillum magnum commune parlamenti generalis constituti*), entourée d'un cercle plus large, dans lequel sont placés, comme sans ordre intentionnel, dix écussons armoriés alternativement séparés par un lion et par un aigle, armes de l'empereur Charles V. Au-dessus de chacun d'eux est un nom, et ces noms, enfermés entre deux grenetis et séparés par des fleurons accostés de deux points, forment le cercle du pourtour. Les écus sont, en partant du haut : Anjou (REX), Savoie (SAB), archevêché de Lyon (LVGD), l'évêque de Valence (VAL), le comte de Valentinois (ADPIC), l'archevêque d'Arles (AREL), le prince d'Orange (AVR), le dauphin de Viennois (DALPHS), l'archevêché de Vienne (VIEN), le pape (PAPA).

1

Ce sceau, qui avait exercé la sagacité de Menetrier èt de Secousse, ne reçut sa véritable attribution qu'en 1775. M. Baulacre, bibliothécaire genevois, en parcourant le registre des assemblées des monnayeurs du Saint-Empire romain, reconnut que l'assemblée de leurs délégués se nommait parlement général, et que ce sceau était celui des assemblées. Deux empreintes retrouvées au bas de deux actes de ces assemblées, tenues à Orange en 1485, et à Turin en 1503, par M. Sordet, archiviste, le reproduisaient tel,qu'il avait été décrit, à l'exception des armes de Montfaucon et de l'inscription *Losanna*. M. le docteur Chaponnière, dans un mémoire sur l'institution des *ouvriers monnoyers* du Saint-Empire romain et de leurs parlements, publiait ce sceau, et, après avoir passé en revue les conjectures dont il avait été l'objet, démontrait la réalité de l'interprétation donnée par M. Baulacre. Par l'étude des écus qu'il contient, il fixa la date de sa gravure à l'année 1349, d'accord avec Secousse; mais cette date a été contestée par du Chalais, qui, s'appuyant sur les écus de l'archevêque de Lyon et de l'évêque de Valence, la fixerait entre 1308 et 1329. Malgré l'autorité de du Chalais, je crois devoir, plus nettement que MM. Giraud et Vallier, me rallier à la date établie par Chaponnière. Reprenant la discussion des dates établies par les écus, je constate d'abord que le sceau étant rond les écus sont placés sans indication de prééminence, ce qui est observé dans la formule de prestation de serment. Prenant les écussons à partir du haut, point de départ habituel des légendes, qu'aucun signe n'indique par la raison que nous venons de donner, nous rencontrons d'abord :

Un écu aux armes de Charles d'Anjou, comte de Provence et roi de Sicile, titre qu'il posséda à dater de 1265 et qui est indiqué par le mot *rex* placé au-dessus.

Viennent ensuite l'écu aux armes de Savoie, qui ne donne lieu à aucune observation, et celui de l'archevêché de Lyon: M. Chaponnière attribue ces armes à Henri de Thoire et Villars, archevêque de Lyon, de 1342 à 1354; du Chalais, pour combattre son opinion, affirme que ce sont celles de Pierre de Savoie, archevêque de 1308 à 1329.

Par un hasard assez difficile à expliquer, il se trouve que les écus de ces deux archevêques sont identiquement semblables et brisés de la même manière, d'une croix au pied fiché, dans les sceaux et les armes rencontrés à Lyon; cette preuve est ainsi complètement écartée.

Reste en faveur de du Chalais le 4me écu, aux armes de l'évêque de Valence; ces armes sont en effet celles de Guillaume de Roussillon (1302-1331), que Chaponnière considère comme celles de l'évêché de Valence. Il ne nous a pas été possible de savoir si, dans ce cas encore, les deux opinions étaient de valeur égale; quoi qu'il en soit, nous ne croyons pas devoir nous rallier à l'avis de du Chalais, pour les raisons que nous développerons après avoir décrit les écus qu'il nous reste à faire connaître.

Le cinquième est de la maison des comtes de Valentinois surnommés de Poitiers; l'inscription *Ademarus de Pictavia* peut se rapporter à Aimar III et à Aimar IV dont les règnes comprennent de 1277 à 1339, et à Aimar V (1345-1373); il ne nous fournit aucune preuve pour ou contre.

Les armes de l'église d'Arles, de la principauté d'Orange, des dauphins de Viennois et de l'archevêché de Vienne, qui figurent sur les écus suivants, ne peuvent nous

aider à la détermination de la date de la gravure de notre
sceau; celui des dauphins fixe cependant la date la plus
récente à laquelle il peut être attribué.

Le dernier, qui dans l'ordre de suprématie eût dû être
placé le premier, mais qui a bien pu être mis dans ce
but symétriquement au-dessus du Christ avec celui du
roi de Sicile, porte les armes du pape pour le comtat Ve-
naissin et Avignon. Le premier fut cédé à Grégoire X par
Philippe-le-Hardi, en 1273; Avignon fut acheté en 1348
par Clément VI. Ce ne dut être qu'à partir de cette acquisition que leur atelier monétaire prit de l'importance;
ce n'est qu'en 1411 qu'un parlement général (le 25e) fut
tenu à Avignon. Si donc le sceau eût été gravé de 1302
à 1331, il aurait dû porter un écu de moins, cette ville
appartenant alors à Charles d'Anjou, du chef de sa femme
Jeanne, comtesse de Provence et de Forcalquier. A cette
preuve convaincante délaissée par du Chalais, bien que
présentée d'une manière complète par M. Chaponnière,
nous pouvons en ajouter d'autres tirées du premier livre
des procès-verbaux des parlements généraux des monnayeurs du Saint-Empire romain.

L'organisation régulière de ces réunions des ouvriers
monnayeurs ne date que de 1342, ainsi que l'indiquent
les procès-verbaux, et ce n'est qu'au bas des lettres du
prévôt général du parlement de Romans, en date du
9 mai 1355, que le sceau est mentionné pour la première
fois en ces termes : « Et en tesmoing de laquelle chose
« nous avons fait faire ces presentes lettres et en la dicte
« procuracion annexer de nostre grant scel de nostre
« parlement general commun scellez (1), » et il n'en est

(1) Premier registre des parlements, folio 24 verso.

point question dans la réunion tenue deux ans auparavant dans le même lieu.

Dans le document placé presque en tête du même registre, intitulé : « C'est la forme et manière comment « l'on doit proceder et commencier à faire et tenir par- « lement général (1), » sont indiqués le mode d'emploi et les précautions à prendre pour l'inviolabilité du sceau :

« ....... et se il n'y a plus à faire, dire, proposer ne à sceller
« que le prevost general et tous les procureux presens,
« avecques si prendront le dit grant scel et le metront
« dedans une boursse et se clora la boursse, et quant
« sera close, le dit prevost il metra son scel et aussi tous
« les procureux chascun son scel, et puis aprez la dicte
« boursse scellée le scel et la boursse se metront dedans
« une boite de feustes (?) laquelle boiste se clora et lira
« de cordes, et se scellera du scel du dit prevost et des
« chascuns scels des diz procureux. »

Les dates de l'emploi du sceau, de la réglementation des séances des parlements et les indications des précautions dont sa conservation est entourée en 1392 au parlement général, écartant toute idée d'un emploi antérieur, nous paraissent confirmer complètement l'attribution de Chaponnière, qu'il a si judicieusement déterminée.

(1) Folio 5, à la date de 1392.

*Dates des parlements généraux, villes où ils ont été tenus, et monnaies de Savoie qui y ont envoyé des représentants* (1).

*Premier registre.*

| | | |
|---|---|---|
| 1342 | Romans............. | Chambéry. |
| 1350 | Vienne............. | Chambéry. |
| 1351 | Tein? (près Thonon). | Chambéry. |
| 1353 | Romans............. | Chambéry. |
| 1355 | Romans............. | Chambéry. |
| 1358 | Vienne............. | |
| 1361 | Romans............. | |
| 1363 | Valence............. | Chambéry. |
| 1365 | Valence............. | |
| 1368 | Romans............. | |
| 1370 | Romans............. | |
| 1374 | Valence............. | |
| 1377 | Valence............. | |
| 1380 | Valence............. | |
| 1384 | Romans............. | |
| 1386 | Valence............. | Chambéry. |
| 1388 | Valence............. | |
| 1390 | Romans............. | Chambéry, Nyon. |
| 1392 | Valence............. | |
| 1394 | Valence............. | |
| 1397 | Romans............. | Chambéry (Lausanne). |
| 1401 | Valence............. | Chambéry. |
| 1404 | Vienne............. | |
| 1408 | Valence............. | Chambéry, Aix. |
| 1411 | Avignon .......... | Chambéry, Aix. |
| 1414 | Valence............. | Chambéry, Nyon. |

(1) Nous avons mis entre parenthèses les noms des ateliers de Savoie qui ont pris part aux parlements généraux, et, pour les deux réunions tenues à Chambéry, nous avons indiqué tous les ateliers qui s'y sont fait représenter.

1417  Orange ............  (Il manque 4 pages au registre).
1420  Chambéry ..........  Crémieu, Bourg, Mâcon, Miri-
                          bel, Romans, Turin et Avi-
                          liano, Nyon en Vaud, Taras-
                          con, Beaucaire et St-Rémi
                          (Provence), Avignon, Saint-
                          André, Mondragon, Lyon.
1423  Tarascon ..........  Chambéry, Nyon.
1429  Saint-Marcellin ......  Chambéry. — .Deux mon-
                          nayeurs d'Annecy sont reçus
                          à ce parlement.
1432  Valence ............  Nyon.
1435  Montélimart ........  Chambéry, Cornavin.
1439  Avignon ...........  Chambéry, Nyon, Annecy,
                          Cornavin.
1443  Lyon ..............
1446  Vienne ............

*Deuxième registre.*

1469  Bourg .............
1473  Lyon ..............  Bourg.
1477  Avignon ..........·..  Bourg.
1481  Montpellier ........  (Turin) Bourg.
1485  Orange ............  Chambéry, Bourg.
1489  Avignon ..........
1493  Avignon ...........
1496  Marseille ..........  Chambéry (Turin).
1499  Aix ...............  (Turin).
1503  Turin ........... ..  Chambéry.
1509? Genève ...........  (Pas de date, le protocole est
                          en blanc). Chambéry (Turin).
1515  Chambéry ..........  Avignon, Mondragon, Genève
                          et Lausanne.
1518  Lausanne .........  Bourg.
1519  Lausanne .........  Chambéry, Bourg.
1523  Bourg ............  Chambéry (Turin), Genève.

# NOMS DES OFFICIERS DES MONNAIES, DES GRAVEURS DE COINS

## DE LA SAVOIE ET DU PIÉMONT

## ET DES MAÎTRES DES ATELIERS DE SAVOIE (1).

---

### MAITRES GÉNÉRAUX.

| | | |
|---|---|---|
| 1340 | Nicoletto Francini. | |
| 1355 | Pierre Gerbaix. | Savoie. |
| 1390 | Arésmino Provana. | |
| 1392 | George de Bruges. | |
| 1393 | Ambroise-Pierre de Arbicis (2). | Savoie. |
| 1400 | Girard Chambon. | |
| 1420 | Martinet Mercier. | Savoie. |
| 1420-1421 | Gossivino de Bomel. | Id. |
| 1431 | Thomas de Folonia. | Id. |
| 1448-1449 | Guigon Besson. | Id. |
| » » | Christin Boulard. | Id. |
| 1463 | Pierre Besson. | Id. |
| 1467 | Guglielmo de Grans, lieutenant du maître général. | Piémont. |
| 1469 | Aimar Fabri. | |
| 1473 | Guglielmo Clavelli. | |
| 1478 | Jacques Philippe. | Savoie. |
| » | Jenin Aubausel. | Id. |
| 1483 | Guillerme Roget. | Id. |

(1) Les extraits des protocoles des parlements généraux nous ont permis d'ajouter un très-grand nombre de noms à la liste publiée par M. Promis Dominique, lieu cité, tome I, page 21.

(2) *Pourpris historique*, page 175. Noble demoiselle Jeanne, fille de noble Ambroise-Pierre de Arbicis, maître général des monnaies de Savoie. (Note de M. A. de Foras.)

| 1485 | Janin Ouvassel. | Savoie. |
| » | Pierre Vulliod. | Id. |
| » | Guillaume Roget. | Id. |
| 1496 | Noble Galeas Gruel (1). | Id. |
| » | François Besson. | Id. |
| » | Mermet de Mandalla. | Id. |
| » | Nicolas Gapt. | Id. |
| » | Guillerme Roget. | Id. |
| 1504 | Claude de Montheys. | |
| 1521 | Jean Raffoulaz. | |
| 1523 | Antoine Vagnon. | |
| 1525 | Pierre Balligny. | |
| » | Jean Guillod. | |
| 1529 | Enry Pugins. | |
| 1534 | Dominique Frauda (contrôleur). | Savoie et Piémont. |
| » | Jean-Pierre de Ferraris. | |
| 1535 | François Savoie. | |
| 1548 | Jacques Dian de Chiers. | Savoie et Piémont. |
| 1550 | Jean Réal. | |
| » | Jean-Pierre de Ferraris. | |
| 1551-1555 | Jacques Dian. | Savoie. |
| 1555-1566 | Jean Réal. | Id. |
| 1570 | Etienne Divone. | |
| 1575 | Florentin de Tardy ( maître auditeur ). | Id. |
| 1584 | Francesco Straccia. | |
| » | Etienne Dyuone. | |
| 1597 | Paolo del Bosso. | |

MAGISTRATS DES MONNAIES.

| 1579 | Amedeo de Ponte. |
| » | Sebastiano de Solere. |
| » | Lorenzo Guimaldo. |
| » | Giambattista Sordo. |

(1) *Generalis monetarum Sabaudie* ( acte du 19 août 1496 ). Note de M. le comte A. de Foras.

## SURINTENDANTS GÉNÉRAUX.

| 1579 | Jean-Etienne Doveris. |
| 1602 | Nicolas Arnaldo. |
| » | Barthélemi Arnaldo. |
| 1617 | Louis Grippa. |
| 1625 | Secondo Rosso. |
| 1634 | Vincenzo Vincendo. |
| 1635 | Jean-Jacques-Louis Giordano. |
| 1690 | Conte Olivero. |
| 1692 | Jean-Barthélemi Prono. |

### GRAVEURS DE COINS.

| 1407 | Lambert Ballet. | Chambéry. |
| 1466 | Thomas. | Cornavin. |
| 1528 | Jérôme Cattaneo. | Id. |
| » | Christophe de Forza. | Chambéry. |
| 1529 | François de Margues. | Cornavin. |
| 1544 | Louis Porro. | Savoie et Piémont. |
| » | Paul Doveris. | Id. |
| 1562-1570 | Gabriel Cuvelier, d'Aoste. | Chambéry. |
| 1579 | Jean-Etienne Doveris. | Turin. |
| 1580 | Nugone. | Bourg. |
| 1582 | Christophe Porro. | Id. |
| 1584 | Nicolas Grand (essayeur général). | Savoie. |
| 1591 | Etienne Doveris. | |
| 1610 | Orazio Astesano. | Turin. |
| 1625 | Jacques Ozegni. | |
| 1630 | Etienne Mongino (1). | |

(1) Postérieurement à cette époque il n'y en eut plus en Savoie, dont les ateliers étaient fermés.

# MAITRES PARTICULIERS, GARDES ET PROCUREURS

## DES OUVRIERS MONNAYEURS

### AUX PARLEMENTS GÉNÉRAUX (1).

Bourg-St-Maurice.

| | | |
|---|---|---|
| 1278 | Moisé Millemerces, | maître. |
| 1349-1350 | Manfred Frotta, | — |

Chambéry.

| | | |
|---|---|---|
| 1287-1298 | Edouard de Varey, | maître. |
| 1299-1300 | L'atelier est en exercice. | |
| 1390 | Martin de Châtillon, | — |
| » | Humbert de Clermont, | — |
| » | Jean Ginot, | garde. |
| 1338-1339 | Bernard-Robert de Valence, | maître. |
| » | Alexandre Dardano, de Florence, | — |
| » | Sandre Farolfi, | — |
| 1340-1341 | Bernard Robert, | — |
| 1342 | Jehan Peyser (2), | procureur. |
| 1343 | Barthélemi Alfani, de Florence, | maître. |
| 1349-1350 | Nicolas du Puy, de Luc, | — |

(1) Nous n'avons pas cru devoir reproduire les noms des ouvriers monnayeurs et recochons déjà publiés dans le *Monnayage en Savoie,* et qui n'offrent qu'un intérêt secondaire.

(2) Procureur « de la monnoie de Chamberien » au premier parlement tenu à Romans, 1er registre (folio 8 recto).

| | | |
|---|---|---|
| 1349-1350 | Jean de Allevis, | garde. |
| 1350 | Tevenez Rogers (1), | procureur. |
| 1353 | Jehan Angelier (2), | — |
| 1355-1356 | Cassinus (3), | monnayeur. |
| 1355 | Johannes Angelerii (4), | procureur. |
| 1362-1364 | Amblardus ( magister ) (5), | monnayeur. |
| 1362 | Bertholetus ( magister ) (5), | — |
| 1363 | Johannes Humberti *alias* Borgougno (6), | procureur. |
| 1363-1364 | Anthonius furbi tonsor (7), | — |
| 1375 | Philippe Baroncelli (8). | |
| 1386 | Bartholomieu Archer ( ou Arther ) (9), | — |
| » | Pierre Bernard (10), | monnayeur. |

(1) Procureur au second parlement tenu à Vienne, 1er registre, folio 16 recto.

(2) « Procureur des compaignons de Chambéry » au parlement de Romans.

(3) Monnayeur et bourgeois de Chambéry, dont le nom figure pour refus de taille ( VIII deniers ) et pour indemnité de terrain, dans les comptes des syndics.

(4) Député pour la seconde fois : « procurator operariorum et mo-« netariorum Chamberiaci. »

(5) Sont indiqués dans le compte de Georges Pellestorti, Jean Reverditi et Guillermet de Theysio, syndics, du 22 novembre 1361 au 7 janvier 1363, pour refus de payer une taille pour les réparations aux courtines, murs et fossés de la ville.

Le premier est conseiller de ville en 1364 ; il figure parmi les personnes qui ont reçu le compte des syndics Jacques Faczon et Jacques Vachet, le 18 juillet de cette même année 1364.

(6) « De Chamberiaco (inter) nomina constituentium civitatis Va-« lencie et quorumdam aliorum locorum. » 1er registre, folio 46 recto.

(7) Dans un emprunt fait par la ville pour payer vingt-cinq balistiers et vingt-cinq clients qu'elle envoie à Pont-de-Vaux « contra pravas societates, » on trouve au nombre des prêteurs « Anthonius furbi ton-« sor, » qui prête 111 sous gros. ( Compte de Jacques Faczon et de Jacques Vachet, du 7 janvier 1363 au 22 juillet 1364. ) — Note de M. d'Arcollières.

(8) « In comitatu Sabaudiæ. »

(9) « Procureur des ouvriers et monnoiers de Vilhanne, de Pigneireu « et de Chambéry, » lieu cité, folio 66 recto.

(10) Seul nommé dans la liste des mandants de Chambéry.

| 1390 | Jehan Angelier (1), | procureur. |
| » | Syméon Angelier, père de Jehan, | monnayeur. |
| 1391 | Barthélemi de Lebol, | garde. |
| 1392 | Bernart, de Chambéry (2), | ouvrier et monnayeur. |
| 1394-1400 | Mathieu dit Bonacorso Borgo (3), | maître. |
| 1397 | Pierre Galhi, | procureur. |
| 1399 | Antoine Mulet, de St-Marcellin, | maître. |
| 1402 | Matteo dit Bonacorso Borgo, | — |
| 1400-1402 | Girard Chambon, | garde. |
| 1401 | Pierre Bernard, | procureur. |
| » | Jehan Angelier, | — |
| 1403 | Humb^ert dit Bonacorso Borgo, | — |
| 1405 | Jean de Rezet, de Moncalier (4), | maître. |
| 1406 | Humbert Viallet, | garde. |
| 1408 | Hugues Bolmet (5), | procureur. |
| 1411 | Pierre l'Hôte (6), | — |
| 1414 | Jehan Girod, *alias*... (7), | — |

(1) Procureur pour la troisième fois, « pour les ouvriers et mon- « noiers de Chambéry et de Nyons en Vaux. »

(2) Les ouvriers et monnayeurs sont condamnés à xx sols d'amende pour avoir fait défaut au parlement tenu à Avignon, en ne déléguant pas un procureur.

(3) A battu alternativement à Pont-d'Ain, Nyon, Chambéry, Aoste, Ivrée et Aviliano ; ses comptes n'indiquent point l'époque où il travailla dans chacun de ces ateliers. — Duboin, page 836.

(4) Par lettres patentes du 23 juin il fut autorisé à battre dans les lieux où il préférerait des comtés de Savoie et de Genevois ; il paraît qu'il ne travailla qu'à Chambéry, car l'atelier de Cornavin fut ouvert seulement en 1448.

(5) Hugues Bolmet « pour les ouvriers et monnoiers de Chambéry « et de la ville d'Ays en Savoie. » Lieu cité, folio 111.

(6) « Nomina constituentium de Chamberiaco, de Lausanne, de « Nividuno, de Acquis............ quorum predictorum est procurator « Petrus Hospites scilicet nomine proximorum scriptorum. » Lieu cité, folio 115.

(7) « Procurator operariorum et monetariorum monete de Nyons « et Chamberiaci. » Lieu cité, folio 116.

| | | |
|---|---|---|
| 1419 | Thomas de Folonia, | maître. |
| 1420 | Jacques, de Chambéry, alias Jacquet (1), | prévôt général. |
| » | Pierre l'Hoste, | procureur. |
| 1421 | Jean de Masio, d'Asti, | maître. |
| » | Jacques Jacquet, de Chambéry, | garde. |
| 1422 | Manfred Besson, d'Yenne, | maître. |
| 1423 | Michel de la Balme, des Echelles, | — |
| » | Bastian Grégoire (2), | procureur. |
| 1424 | Guido Besson, alias Vugliod, d'Yenne, | ouvrier et monnayeur. |
| 1429 | Pierre Girod, | procureur. |
| 1432 | Jehan de Bard, de Chambéry (3), | monnayeur. |
| 1435 | Antoine Lovanier (4), | procureur. |
| 1439 | Antoine Lovanier (5), | — |
| 1478 | Pierre de Bardonnèche, | maître. |
| 1449 | Aymar Fabri, | garde. |
| 1481 | Pierre Baligny, | maître. |
| 1482 | Jacques de Ortis, | garde. |
| 1485 | Guillaume Véchut (6), | procureur. |
| 1488 | Galéaz Gruet, | garde. |

(1) « Monetariorum maior, prepositus generalis sacramenti imperii « electus............ in parlamento tenuto et celebrato in villa Chambe- « riacense incepto die quarta mensis maii anno Domini 1420, pre- « sentes.......... »

(2) « Item est substitutus procurator operariorum et monetarum mo- « nete Chamberiaci, » à savoir : « Bastianus Gregorii operarius « procurator operariorum et monetariorum de Nyon en Vaux et « Lausanne. »

(3) « Fuit facta confirmacio sive receptio Johannis de Bardo de « Chamberiaco gratias habentis ab illustri principe domino duce « Sabaudie in monetarium. » Lieu cité, folio 138 verso.

(4) Il fut aussi procureur de l'atelier de Cornavin.

(5) Il représentait également les monnaies de Genève, d'Annecy et de Nyon.

(6) Aucun monnayeur de Chambéry n'assista aux quatre premiers parlements inscrits dans le second livre des protocoles.

| 1489 | Michel de Lugem, | contre-garde. |
|------|------------------|---------------|
| 1490 | Jean Charvet, | essayeur. |
| 1496 | Jacques Girod, | procureur. |
| 1500 | Antoine Ruffy, | garde. |
| » | André Govet, | essayeur. |
| 1503 | Johan Franc (Fraret ? mal lu), | procureur. |
| » | Jehan Fraret, | maître. |
| 1505 | Amédée Peret, | garde. |
| 1507 | Noble Pierre Bellentray, | procureur. |
| » | Nicod Faber, | prévôt des monnaies. |
| 1508 | Anemond Bertolini, | maître. |
| 1514 | Pierre Baligny, | — |
| 1515 | Girard Sauoye, | procureur. |
| 1519 | Bertrand Verchon (Véchut), | — |
| 1523 | Bertrand Véchut, | — |
| » | Anne Quay, | recochon (1). |
| 1524-1528 | François Savoie, | maître. |
| 1528 | Christophe de Forza, | graveur. |
| 1559 | Nicolas Vialard, d'Ivrée, | maître. |
| 1562 | Mathieu de Ferraris, | commis. |
| » | Nicolas Vialard, | maître. |
| 1562-1563 | Eustache Scarron, | garde. |
| 1563-1564 | Etienne Divon, | contre-garde. |
| 1565 | André Morel (2), | maître particulier. |
| 1565-1573 | Etienne Bourge (Burged) et sa veuve, | maître. |
| 1569 | Louis Chambet, | contre-garde. |

(1) Recochon, recouchon, apprenti dont le travail consistait à préparer le métal.

(2) Ce monnayeur frappa pour la ville de Chambéry des pièces d'or qui furent offertes à Marguerite de France faisant sa première entrée dans la capitale de la Savoie (registre des délibérations de la ville, 24 juin 1564) : « A esté apporté la tasse ordonnée estre balliée à Madame, ensemble deux cents pièces d'or du poix de deux escus presente marque et rognés ; de l'ung des costés est lesfigie de Monseigneur au tourg (sic) duquel costé est escrip *Emanuel Philibertus dux Sabaudie,* et de l'aultre cousté une marguerite et au tourg duquel cousté sont escrips tels motz : *Magnificavil Deus misericordiam suam cum illa.* »

| | | |
|---|---|---|
| 1573-1576 | Emmanuel Dian, | maître. |
| 1577-1580 | Jean Miretto, | — |
| 1578. | Mario? | |
| 1580-1583 | Chaffrey Grobert, | maître acensataire. |
| » | Nicolas-le-Grand, | garde. |
| 1583 | Michel Grobert, | maître. |
| » | André Martin, | essayeur. |
| 1584 | Michel et Chaffrey Grobert, | maîtres. |
| » | François Jacquemin, | prévôt. |
| » | Charles Goula, | essayeur. |
| » | Jacques Vencheu (Véchut), | — |
| » | Claude Janin, | — |
| 1589-1591 | Guillaume Morion, | garde. |
| 1591 | César Valgrand. | |
| » | Jean-Baptiste Castagneri, | acensataire. |
| » | Jean-Baptiste Cavallo, | — |
| » | César Valgrandi (mort peu après avoir acensé), | maître. |
| 1591-1592 | Bartoloméo Arnaldo, de Pignerol (1), | maître acensataire. |
| 1594-1595 | Gaspᵈ Cornaglia, de Chiers | (n'a pas travaillé). |
| 1595 | Guillaume Morion, | garde. |
| 1595-1600 | Chaffrey Grobert, | maître. |
| 1599 | Nicol Vialard, | — |
| 1600 | Antⁿᵉ Grobert, comme tuteur des enfants de Chaffrey, | — |
| 1617 | Noble Monet Laurent, du Bourget (2), | — |
| 1628-1629 | Galvagno Sirascio, | commis. |
| 1640-1642 | Pierre Perrinet, | maître. |
| 1640 | Guillaume Charrot, | garde. |
| | Claude Punas, | contre-garde. |
| 1649 | Les ouvriers sont réduits à huit et les monnayeurs à quatre; tous doivent être bourgeois de Chambéry (condition obligée). | |

(1) Acense pour 20,150 écus de 15 blancs l'un, à la condition de ne battre qu'à Turin et à Chambéry.

(2) Fabricant des monnaies de Chambéry, mort avant 1618. Note de M. Amédée de Foras.

Saint-Symphorien-d'Ozon.

| | | |
|---|---|---|
| 1297 | Jean et Johannot Ginot, son fils ( hommes liges attachés, eux et leur postérité, à la monnaie du prince ), | monnayeurs. |
| 1306 | Jacques de Varan, de Plaisance. | |
| » | Pierre Aloyer, de Genève. | |
| 1340 | Bernard Robert, | maître. |
| 1341-1342 | ( Comptes des maîtres des monnaies ). | |

Bourg.

| | | |
|---|---|---|
| 1338-1339 | Bernard Robert, | maître. |
| » | Alexandre Dardan, | — |
| » | Sandre Farolfi, | — |
| 1339 | Jean de Clauso, | garde. |
| 1340 | Alexandre Dardan, | maître. |
| 1340-1342 | Sandre Farolfi, | — |
| 1340 | Guillermet, | contre-garde. |
| 1342-1343 | Antoine Patritto et Bino Gucchi, | maîtres. |
| 1375-1378 | Philippe Baroncelli, de Florence (1), | maître. |
| 1394-1395 | Jean Raffano, | garde. |
| » | Guillermet, | contre-garde. |
| 1396-1397 | Jean Raffano, | garde. |
| 1394-1400 | Matteo dit Bonacorso Borgo, | maître. |
| 1394 | Jacques Polli, de Bourg, | garde. |
| » | Guillaume Sellery, | — |
| 1395-1396 | Jean Raffano, | — |
| 1396 | Jean Angelier, | — |
| 1400 | Girard Chambon, | — |

(1) « In comitatu Sabaudie, » par lettres données à Bourg.

1453     Antoine Fabri, de Perugia,    maître.

1468     Peronnet Guilliot,           —

»         Michel de Bardonnèche,      —

1468-1469 Etienne Varembon,       maître et procureur.

»         Jehan de Bussi, dit de Lalas, reçu à la requête de Mᵐᵉ la duchesse de Sauoye et de M. le comte de Baugie, ouvrier monnayeur.

»         Jeoffroy Bordet, lequel a esté autrefois reçu en Cathalogne par le roi d'Aragon, ouvrier monnayeur.

1473     Anthoyne Viviand,        prévôt général.

»         Catherine Viviand, fille d'Anthoyne, reçue au parlement tenu à Lyon.

1477     Guigo de Santagnieu,      procureur.

1481     Guigo de Centeignat,       —

1485     Pierre Colin,             —

1497     Jean Gervais,           maître.

1503     Raymond Colin,        procureur.

1504     Humbert Chappon,      garde.

1518-1519 Raymond Colin,        procureur.

1521-1523 Valérian Deulio (Dulys),   maître.

»         Raymond Colin,        procureur.

1560-1561 Luchino Réal,    ·    maître particulier.

1562     Christophe Porro, de Turin, garde.

1563-1564 Luchino Réal,        maître particulier.

1566-1568 Pierre de Luan,    ·    —

1567     Louis Chariere,        contre-garde.

1568     Jean de Grumel,       garde.

1570     Jacques Dais,         contre-garde.

1574     Pierre de Luan,        maître particulier.

1574-1577 Sébastien de Lartisseur,   commis à l'économie.

1575     Laurent de la Cour,      garde.

1577-1580 Emmanuel Dian,       maître.

1580     Jacques Rougier,       contre-garde.

1581-82-83 Jacques Rougier,      acensataire.

1582     Jean Porro,           garde.

1584-1586 Philibert Dian,        maître.

1589     Guillaume Maion,       garde.

Pont-d'Ain.

| 1338 | Jean de Clauso, | garde. |
|---|---|---|
| 1338-1339 | Bernard Robert, | maître. |
| » | Alexandre Dardan, | — |
| » | Sandre Farolfi, | — |
| 1339-1341 | Bernard Robert, | — |
| 1340-1342 | Sandre Farolfi, | — |
| 1340 | Guillaume Vacher, | essayeur. |
| 1342-1343 | Antoine Patritto et Bino Guchi, | maîtres. |
| 1349-1350 | Nicolas du Puy, de Luc, | maître. |
| 1352-1354 | Bonacorso Borgo, de Florence (1), travailla quelque temps à Pierre-Châtel, | — |
| 1352 | Jean Arbizzon, de Bourg, | garde. |
| 1353 | Pierre de Clauso, d'Yenne, | contre-essayeur. |
| » | Estienne Roger (2), | procureur. |
| » | Garnier Faure, | — |
| 1355 | Etienne Roger (3), | — |
| » | Johan de Flaceys, | — |
| 1355-1358 | Bonacorso Borgo, | maître. |
| 1356-1359 | Id.    (Pierre-Châtel), | — |
| 1358 | Huigonnet de la Avis, ouvrier (4), | procureur. |
| 1359 | Bonacorso Borgo, | maître. |
| » | Jean Arbizzon, | essayeur. |
| » | Johannon Evrard Ombard, | — |

(1) Cibrario croit que l'ordonnance du 26 mars, qui l'autorise à battre monnaie à Pont-d'Ain, est la première qui mentionne la fabrication d'écus et de florins d'or. — Lieu cité, p. 293.

(2) « Estienne Roger et Garnier Favre, procureux des compaignons « de Pont d'Ayns. » Parlement de Romans, 1553 (lieu cité, f° 21 verso).

(3) « Stephanus Rogerii, Johannes de Flaceys, procuratores opera- « riorum et monetariorum Pontis Yndis, » (lieu cité, f° 22, v° Romans).

(4) « Le Pont Dains. Huigonnet de la Avis, ouvrier, et Estienne, fils « de Humbert Rogieu, procureur des compaignons ouvriers et mon- « noiers du Pont Dains. » — Parlement de Vienne, f° 39 v°.

| | | |
|---|---|---|
| 1370 | Guillelmus Fornia (1), | procureur. |
| » | Guigo de la Croix, | — |
| 1377 | Guillemetus Forniaci *aliter* Sellerii (2), | — |
| 1386 | Huguenon Bourgoing (3), | — |
| 1390-1391 | Matteo Bonacorso Borgo, | maître. |
| 1390 | Guillaume Fournié, *alias* Selier (4), | procureur. |
| 1394-1460 | Matteo dit Bonacorso Borgo, | maître. |
| 1395 | Guill$^{me}$ Sellerii, de Bourg, | garde. |
| 1397 | Huguenin Bouvier (5), | procureur. |
| 1401 | Guigonnet de Villette (6), | monnayeur et ouvrier. |

## Saint-Genix.

| | | |
|---|---|---|
| 1341-1342 | Comptes des trésoriers généraux. | |
| 1354-1355 | Jean de Chamaior, | maître. |
| » | Bernard de Claustro, | — |
| 1354 | Pierre Guilos, | garde. |
| 1355 | Pierre Peracchi, | — |

## Pierre-Châtel.

| | | |
|---|---|---|
| 1352-1359 | Bonacorso Borgò, de Florence, | maître. |
| 1356 | Pierre de Clauso, | garde. |

(1) « Guillelmus Fornia procurator cum dicto Guigone de Cruce pre- « posito sociorum operariorum et monetariorum del Pondens. » — Lieu cité, f° 49; v° Parlement de Romans.

(2) « Guillemetus Forniaci aliter Sellerii suo et procuratorio et no- « mine procuratorio » de Pont Dains. — Lieu cité, f° 55. Parlement de Valence.

(3) « Huguenon Bourgoing, procureur pour les ouvriers et mon- « noiers de Crémieu et du Pont Dains. » — Lieu cité, folio 66. Va- lence.

(4) Lieu cité, folio 79. Parlement de Romans.

(5) Lieu cité, folio 96. Id.

(6) Lieu cité. Parlement de Valence, folios 101, 102 « ceux de la cité « du Pont Dains. »

Cornavin.

| 1435 | Anthoine Lovanier (1). | |
| 1439 | Anthoine Lovanier, | procureur. |
| 1448 | Stephane Varembon, du Pont-d'Ain, | maître. |
| » | Aimar Fabri, | garde. |
| 1450 | Guy Besson, d'Ycnne, | maître. |
| 1451 | Franç⁵ Garino, de Lyon ? | |
| » | François Zuchet, | garde. |
| 1453 | Barthélemi di Castelnuovo di Chieri, | maître. |
| » | Jacques Papins, | garde. |
| 1457 | Giachetto Filippi. | |
| 1468 | Gottofredo, de Gruyère, | maître. |
| 1469 | Michel de Bardonnèche, d'Avigliano, | — |
| » | Gabriel de Rivo, | garde. |
| » | Lambert Magnin, | contre-garde. |
| 1483 | Pierre de Bardonnèche, d'Avigliano, | maître. |
| 1484 | Barthélemi Camus. | |
| 1485 | Nicolas Gatti....., | — |
| 1496 | Pierre Magnin, | garde. |
| 1500 | Thomas Blondel, | maître. |
| » | Andrea Gerves, | garde. |
| » | Rodolphe Aigente. | |
| 1525 | Claude Savoie (2), | maître. |
| 1528 | Noble Henri Goulaz (3), | — |

(1) « Procurator illorum Crucis sancti Gervasii prope civitates Ge-
« benenses et illorum Chamberiaci. » ( 1ᵉʳ registre des parlements
généraux, folio 139 recto. )

(2) Ancien premier syndic de Genève, fut nommé premier maître de
la monnaie de Genève le 4 décembre 1535; son fils et son petit-fils y
furent monnayeurs, et le dernier, prévôt en 1598. ( *Mémoires et documents de la Société d'histoire et d'archéologie de Genève*, tome VIII,
page 112 ).

(3) Goula, Goule ou Goulle, maître de la monnaie de Savoie en 1528

| 1530 | Pierre-Paul de Pane, | garde. |
| » | Robert de Versonay, | contre-garde. |
| » | Pierre de Gruyère, | essayeur. |
| » | Claude Dames, | — |
| 1532 | Henri Goulaz, | maître. |

## Montluel.

| 1503 | Jean Serena, | maître. |
| 1504 | Jean Raffoluaz, de Montluel, | — |
| 4526 | Raymond Colin, | — |
| 1528 | Gaspard Peruser, | contre-garde. |
| » | Thomas Colin, | chef monnayeur. |

## Gex.

| 1583 | Noble Charles Goulas (1), | -maître. |
| 1584-1586 | Denis et Benoît Doppet, | acensataires. |
| 1584 | Nycolas Legrand, | tailleur et essayeur. |

## Nyon.

| 1364 | Bonacort Burges, | maître et ouvrier. |
| | Sandre Bindac, de Florence (2). | — |
| 1390-1391 | Jean et Mathieu de Bonacorso Borgo, fils de Mathieu, | maître. |

et 1533, fut nommé maître de celle de Genève le 15 avril 1535 et y exerçait encore en 1553. (*Mémoires et documents de la Société d'histoire et d'archéologie de Genève,* tome VII, page 112.)

(1) Citoyen de Genève, membre du Conseil des deux cents, maître des monnaies dès 1559, fut déposé le 7 janvier 1584, parce qu'il était en même temps maître de la monnaie du duc de Savoie à Gex. (*Mémoires et documents de la Société d'histoire et d'archéologie de Genève,* tome VII, page 113.)

(2) *Mémoires et documents de la Société d'histoire et d'archéologie de Genève,* 11me volume.

| 1390 | De Ferro, | garde. |
|---|---|---|
| » | Jehan Angelier (1), | procureur. |
| 1391 | Jean Bonacorso, | maître. |
| 1392-1393 | Jean Raffano, bourgeois de Treffort, | — |
| » | Perronon de Bays (2), | procureur. |
| 1392 | Bernard Varlet, | maître. |
| 1394-1395 | Jean Angelier, de Chambéry, | — |
| 1396 | Mathieu de Bonacorso Borgo, | — |
| 1400-1401 | Michael de Saint-Michel, | — |
| 1405-1406 | Jean de Regel, de Moncalier, | — |
| 1405 | Humbert Vialet, | garde. |
| 1407-1410 | Johannes de Rasetto (3), | maître. |
| 1411 | Pierre l'Hôte (4), | procureur. |
| » | Guigonnet (5), | prévôt. |

(1) De Chambéry; représenta les deux ateliers (1er registre des parlements généraux).

(2) « Perronon de Bays et Bernard Varlet, procureurs des ouvriers « et monoiers de Crémieu, de Vienne et de Nyons en Vaux. » — Lieu cité, folio 85.

(3) Ce maître fit transporter de Chambéry à Nyon les outils et les fers nécessaires pour rétablir l'atelier de cette dernière localité : « Libravit Johanni de Raseto magistro monetarum domini quos do- « minus eidem Johanni donavit in recompensationem missionum et « expensarum per ipsum supportatarum occasione transmutationis « facte, de mandato domini, dicte monete a Chamberiaco apud Nyvi- « dunum portari faciendo aysiamenta, ferramenta et aptari fornaces et « alia ibidem reparari faciendo pro moneta fienda nec etiam ac pro « mutatione ejusdem que longa fuit 100 fl. p. p. ab una parte. Item « et ab alia parte 60 fl. in quibus dominus eidem tenebatur pro pretio « unius sui equi grisi empti. » Compte du trésorier général Jacques de Fistilleux, 1407-1410.

(4) De Chambéry; représenta les deux ateliers (1er registre des parlements généraux).

(5) « Nos Guigonetus prepositus et Petrus Hospites societatum Lau- « sanensis et de Nionis in Vaudo procuratores communiter et con- « corditer electus (sic), etc... » Ce Guigonetus était prévôt général à Avignon, ce qui explique ce nos et le singulier qui termine la phrase. — Lieu cité, fo 113 vo.

| | | |
|---|---|---|
| 1414 | Jean Girod, *alias* Tripet (1), | procureur. |
| » | Pierre Giroud, | ouvrier. |
| 1420 | Jean Picoz, d'Avigliano, | maître. |
| » | Franchequinus de Cabria (2), | procureur. |
| 1422 | Lanfranc Busca, de Milan, | maître. |
| 1423 | Bastian Grégoire (3), | procureur. |
| 1427 | Bertino Busca, de Milan, | maître. |
| 1429 | François de Seyn, (4), | — |
| » | Sébastien Guigon, | prévôt. |
| » | Jean Maguni (?). | |
| » | Etienne de Bregua, de Turin. | |
| » | François de Seyn. | |
| » | Jacques Picot, de Genève. | |
| 1432 | Antoine Lovagnier (5), | procureur. |
| » | François Desseyn, | ouvrier. |

### Annecy.

| | | |
|---|---|---|
| 1429 | Antoine de Lovagny (6), | monnayeur. |
| » | Jacques Vaneys (7), | — |
| 1439 | Antoine de Lovagny (8), | procureur. |
| » | Jacques Vaneys. | |
| » | François Deosaus. | |

(1) « Procurator operariorum et monetariorum de Nyons et Chamberiaci. » — Lieu cité, f° 116. Parlement de Valence.

(2) « Procuratores operariorum et monetariorum monete que cuditur apud Nyons en Vaux. » — Lieu cité, f° 124. Parlement de Chambéry.

(3) « Procurator operariorum et monetariorum, » de Nyon en Vaud et Lausanne, procureur substitué de Chambéry. — Lieu cité, f° 128.

(4) « Procurator.... illorum, » de Nyon en Vaud. — Lieu cité, f° 133.

(5) « Procureur des ateliers de Chambéry, Genève, Annecy et Nyon. » — Lieu cité, f° 136.

(6) « Burgensis de Annessiaco Gebennensis diocesis, ex gratia domini ducis Sabaudie in monetarium fuit receptus. »

(7) « Dicti loci de Annessiaco ex dicta gratia in monetarium similiter fuit receptus. »

(8) Des ateliers de Chambéry, Genève (Cornavin), Annecy et Nyon.

### Aix.

(De Aquis in Sabaudia. — Ville d'Ays en Savoie.)

| | | |
|---|---|---|
| 1408 | Hugues Bolmet (1), | procureur. |
| » | Humbert de Corbellio, | monnayeur. |
| » | Bertrand de Corbelle, | — |
| 1411 | Pierre l'Hôte (2), | procureur. |
| » | Humbert de Corbello, | monnayeur. |
| » | Jacques Jacquet ? | — |
| » | Johannot de Cantorio, | — |

---

# TYPES, DEVISES, LÉGENDES ET ARMES DES MONNAIES DE SAVOIE

## ET LEURS MODIFICATIONS SUCCESSIVES.

Au onzième siècle, alors que les grands vassaux de l'Empire obtenaient le droit régalien de battre monnaie, une transformation avait eu lieu ; les têtes et les monogrammes, successivement tranformés, avaient disparu du champ des monnaies et fait place à des signes particuliers propres à chaque prince. Ils figuraient sans doute sur les pièces de l'atèlier d'Aiguebelle, dont aucune ne nous est parvenue. Nous en possédons seulement une du monnayage des évêques de Maurienne, frappée au même lieu ; elle se rapproche du type viennois.

(1) Pour Aix et Chambéry.
(2) Pour Chambéry, Lausanne, Nyon et Aix.

Il devait en être de même pour les deniers des comtes de Savoie, dont la similitude donna lieu à des contestations avec les évêques de Vienne.

La croix à branches égales et l'étoile à six rais, ou trois annelets placés sur l'une ou sur l'autre face de la pièce, figurent sur les premiers deniers connus, frappés par les princes de Savoie. De ces signes monétaires, le premier se retrouve sur la plupart des monnaies de cette époque, à dater du septième siècle; au dixième, les traits qui terminent les branches s'allongent; le second et le troisième sont plus spécialement usités dans le monnayage de Savoie. Les légendes se réduisent au nom du prince, sur une face, et au nom du lieu ou de la province où elles ont été frappées, au revers.

Le second atelier des princes de Savoie fut celui de Suse, dont le nom *Secusia* figure au revers des monnaies d'Humbert II, d'Amédée III, d'Humbert III et de Thomas. Les types, peu variés, sauf pour Humbert III, où trois annelets remplacent l'étoile à six rais, montrent cependant une progression constante dans l'art du graveur, qui est plus marquée encore dans les règnes suivants. Nous retrouvons les mêmes signes monétaires, la croix et l'étoile, sur les monnaies d'Amédée IV; mais les légendes sont modifiées, le titre de comte vient s'ajouter au nom du prince : *Amedeus comes,* et le nom de l'atelier de Suse est remplacé par celui de la province : *Sabaudia* (Savoie), qui devint le cri de guerre et la devise de sa famille. Des points placés sous diverses lettres sont les différents employés par les monnayeurs.

Chambéry, acquis par son père en 1232, devint la capitale de ses Etats; il y avait probablement ouvert un atelier monétaire, aussi bien qu'à Saint-Maurice, dont les

deniers sont employés comme monnaie de compte à
partir de son règne. La première attribution des monnaies, avec légende *Sabaudia* à Amédée IV et à l'atelier
de Chambéry, est due à Dominique Promis ; elle a été
confirmée dès lors par une découverte faite près de
Chambéry, en 1855, d'un lot de monnaies du Viennois,
de la Provence et de la Savoie, appartenant toutes à la
première moitié du treizième siècle. Des deniers de
Raymond Béranger IV, beau-frère d'Amédée IV, s'y
trouvaient associés à un certain nombre de monnaies
attribuées à ce prince, ce qui venait confirmer l'idée que
l'existence de l'atelier de Chambéry devait remonter bien
avant la date qui avait pu être déterminée par les monu-
ments écrits (1263, mention des monnayeurs de Chambéry dans les comptes du châtelain de Montmélian).

La quantité de pièces appartenant à ce prince que le
musée possède, opposée au petit nombre recueilli par
les musées d'Annecy et de Turin ( 32 contre 5 ), et
bien supérieur à celles des règnes suivants d'une durée
aussi considérable, est une nouvelle preuve de leur
fabrication dans l'atelier de Chambéry.

Jusqu'à son règne, les signes employés par les monnayeurs pour distinguer les monnaies frappées par chacun d'eux n'avaient consisté qu'en points ou accents
placés au-dessus ou au-dessous de quelqu'une des lettres
des légendes ; dès lors apparaissent les différents des
ateliers, qui consistent en une ou plusieurs rosettes,
étoiles ou molettes d'éperon, séparant les mots des légendes, tandis que ceux des maîtres continuent à être
des points secrets, combinés avec ces signes ou placés
dans le champ de la pièce.

Les premières armoiries des princes de Savoie furent

l'aigle d'Empire, qui, au treizième siècle, couvrait l'écu et le champ des diverses espèces de monnaies des princes italiens, adoptée, on le suppose, par Amédée IV comme vicaire de l'Empereur. Cette aigle, qui paraît d'abord sur les sceaux avec une seule tête, ensuite avec deux, ne fut point une arme personnelle à ce comte, mais celle de sa famille, jusqu'à l'adoption de l'écu de Savoie actuel, de gueules à la croix d'argent, qui paraît à la fin du treizième siècle (1292).

Les types et la valeur des monnaies ont offert jusqu'alors une uniformité très-grande : les deniers et les oboles de Suse, avec la distinction de forts ou de débiles, sont seuls mentionnés. Avec Philippe Ier, dont peu de monnaies nous sont parvenues d'ailleurs, nous voyons apparaître les viennois, les forts, les deniers mauriciens, dont le rapport de titre et de poids avec les monnaies précédemment en cours ne nous est malheureusement pas connu.

Sur les monnaies d'Amédée V nous trouvons le nom d'une nouvelle possession, le Piémont : *Amedeus Pedemontensis,* qui lui fut donnée par l'empereur Henri VII en 1310, mais sans la mention du titre *marchio,* mis sur celles d'Amédée VI et de ses successeurs. Edouard a encore conservé l'aigle sur une pièce signalée par Pingon, et dont aucun spécimen n'a été retrouvé dès lors; mais il a le premier placé l'écu de Savoie dans le champ de ses monnaies, avec la croix, telle qu'elle s'est maintenue dans les armes de sa Maison. L'origine de cet écu paraît remonter à Pierre II, qui l'aurait, prétend-on, adopté après avoir conquis le Chablais et le Valais, et obtenu de l'abbé de St-Maurice-d'Agaune, dont il avait accepté le protectorat, l'anneau de S. Maurice, à la condition qu'il appartiendrait toujours au prince régnant de sa Maison. Il est difficile d'admettre cette explication, cette croix n'ayant pas la forme de celle de S. Maurice, qui est si fréquemment placée sur les monnaies après l'apparition du type de S. Maurice, avec la légende : *Sanctus Mauricius*. Les deux plus anciens sceaux sur lesquels on trouve la croix de Savoie sont ceux de la femme et de la fille de Pierre II : Agnès de Faucigny et Béatrix de Faucigny (l'un sur un acte de 1261, l'autre de 1279).

Sous Amédée V, la différence en titre et en poids devient plus grande entre les monnaies frappées et de cours en Savoie et en Piémont; ce prince en améliora le titre et le poids.

Les premières monnaies d'Edouard portent dans le champ du revers la lettre A, si souvent employée à l'époque mérovingienne, dont la signification nous échappe, à moins de considérer cette lettre comme une dégénérescence des initiales A (alpha) et Ω (oméga), et l'étoile à six rais également comme la dernière transformation du chrisme figuré sur les monnaies de la même époque. Cet A est remplacé par un E, initiale de son nom, sur les monnaies de titre bien inférieur que l'appauvrissement de ses finances l'entraîna à frapper à la fin de son règne.

Aymon est le dernier à employer les étoiles à six rais dans le champ de ses monnaies; elle est remplacée sur la face par l'A, initiale de son nom, ou par les lettres de son nom disposées en forme de croix. Au revers figurent l'écu de Savoie ou des croix à doubles traits, ouvertes (formées de quatre angles droits rapprochés) ou pleines, coupant le cercle du champ et la légende, et cantonnées dans les angles de 12, 4 ou 2 globules répartis par 3 ou 1; c'est là une imitation des types anglais, qui s'étaient

répandus d'ailleurs en Italie, en France, etc. Le titre de
*marchio* (*in Italia marchio*) vient s'adjoindre à ceux
employés antérieurement.

Amédée VI place sur ses monnaies AMEDEUS DI
GRA. COMES, imitation reproduite sur différentes monnaies baronnales de la première légende employée par
les rois de France, et qui parut sur leurs monnaies vers
1137. Il fit encore placer la légende SANCTVS MAVRI-
TIVS AGAVNENSIS sur un blanc douzain de 1349, et
figurer sur ses monnaies le heaume de Savoie et les lacs.
Les premières monnaies d'or émises par les princes de
Savoie appartiennent à son règne. Le florin qu'il fit battre,
à l'imitation de ceux de Florence, fut, aux légendes près,
copié par tous les monnayages; la fleur de lys fleuronnée
est entourée des mots : *Florenum Amedei comitis;*
au revers, saint Jean-Baptiste debout et nimbé, dont le
nom *sanctus Joannes* est suivi de l'écu de Savoie,
différent porté dans l'ordonnance de frappe à St-Genix.
L'agnel d'or, battu à Pierre-Châtel; l'écu d'or, frappé à
Pont-d'Ain par Bonacorso Borgo, ensuite de l'ordonnance du 27 février 1352, en tout semblable à celui du
roi de France, lui est un peu inférieur en poids; le même
maître a frappé des écus d'or à Nyon en 1391. Ces diverses émissions ne sont point au même titre, et les ordres
de frappe établissent une distinction entre les florins de
bon et de petit poids; les écus ne varient pas.

Les florins frappés par Amédée VII conservent le
même revers, mais le lys de Florence est remplacé par
les armes de Savoie, l'écu timbré du heaume, accosté de
lacs, avec la légende : *Amedeus comes Sabaudiœ*. Sur
un bel exemplaire d'un coin différent, qui appartient au
musée d'Annecy, le heaume est chargé de deux croi-

settes, et un grenetis est placé en dedans du contour ;
le différent, au revers, est une croix à la place de l'écu.

Le pays de Vaud avait fait retour à son père en 1350 ;
il y rouvrit l'atelier de Nyon et y fit battre des monnaies
imitant, sauf la légende, celles frappées par les évêques
de Genève à la même époque : une croix, accostée d'un
*S* au deuxième quartier, et de trois points au troisième,
avec les mots : ✝ AMED ː COMES, et, au revers, la tête
de saint Pierre, avec les mots : ✝ DE SABAVDIA ; cette
imitation n'est point indiquée dans les ordres de frappe
d'Amédée VII qui nous sont parvenus, et indique une
réouverture de cet atelier antérieure à ces documents.
Il emploie deux nouvelles légendes ; l'une, EN PREU,
qui lui est toute personnelle, ne figure que sur un
gros, placée dans le champ, accostant le heaume de
Savoie, et l'autre, BENEDICTUM SIT NOMEN DOMINI
NOSTRI DEI JESU CHRISTI, employée sur un gros
d'argent de 1391, à l'imitation des rois de France, sur
les monnaies desquels elle est placée à partir de 1226.

La croix de saint Maurice figure pour la première fois
sur un écu d'or frappé à Avigliana à la suite de l'ordonnance de 1391 ; cet écu, d'une valeur supérieure au
florin en poids, indice de la position toujours plus
grande qu'occupait l'Etat de Savoie, dont les progrès
successifs sont reflétés en quelque sorte par l'émission
des monnaies à l'état d'imitation des types admis d'abord,
s'en écarte successivement, pour arriver à des types complètement personnels avec Amédée VIII.

Sur les monnaies d'Amédée VII apparaissent·plus fréquemment les lacs accostant des figures ou aboutés pour
former des croix, qui étaient comme sa devise parlante,
et le cimier de Savoie : tête de lion ailée, qui, placée d'a-

bord sur les sceaux d'Aymon et d'Amédée VI, fut dès lors usitée sur les armes, sceaux et monnaies, concurremment avec les lacs et la devise FERT, adoptée par son successeur, jusqu'au dix-septième siècle.

Amédée VIII, dont le règne fut un des plus importants par la durée, les progrès et le développement des possessions de la Maison de Savoie, qui formaient l'Etat le plus considérable comme étendue, sinon comme homogénéité, que sa Maison ait possédé jusqu'au dix-neuvième siècle, donna à ses monnaies un caractère plus personnel et s'écartant davantage des types des Etats voisins. Dans le champ du plus grand nombre de ses monnaies, l'A, initiale de son nom, est remplacé par le cimier de Savoie ou par la devise FERT que l'on trouve également sur ses sceaux. Cette devise mystérieuse, restée sans explication admissible, distingua dès lors les monnaies de Savoie d'une manière toute spéciale. Elle lui est bien personnelle et n'a été employée par aucun de ses prédécesseurs; on ne la retrouve pas plus sur leurs sceaux que sur leurs monnaies, ni dans les ordres de frappe et les inventaires de mobilier; elle fut placée sur les monnaies de la branche d'Achaïe, en imitation sans doute autorisée, vers 1419.

La lettre S, initiale de *Sabaudie,* figure sur un denier blanc, sur une petite obole et sur un blanchet, où elle est placée dans le champ des deux faces. La croix alaisée, que nous ne retrouvons que sur les monnaies de Charles Ier, et l'écu losangé, qui figure sur les monnaies de Louis et d'Amédée IX, ont pris ces formes sous son règne : elles n'ont pas été employées avant lui; l'écu losangé reste particulier aux trois règnes que nous avons indiqués. Des lacs, des roses, des croisettes et des·points ouverts accostent diverses pièces placées dans le champ de ses monnaies.

Amédée VIII est le premier prince de Savoie qui s'est fait représenter sur ses monnaies et y a fait figurer saint Maurice nimbé, armé d'une épée et à cheval, avec la légende SANCTVS MAVRICIVS AGAVN. sur un gros tournoi; sur un autre de 1392 est la légende : BENEDIC-TVM SIT NOMEN DOMINI NOSTRI JESV CHRISTI. Sur un demi-gros de 1392, il a reproduit la formule DEI. GRACIA. *Amedeus Dei gracia comes*. Sur ses ducats de 1430, frappés après l'érection de la Savoie en duché, il est représenté à genoux devant saint Maurice debout, recevant de la main gauche la bannière du saint, dont la main droite est appuyée sur sa bannière, la gauche tenant l'épée. Leur position est inverse de celle des doges et de saint Marc des monnaies de Venise; ce n'est donc point une contrefaçon, mais une imitation; la légende, reproduite des monnaies françaises, sur lesquelles elle figure depuis 1226, est : SIT NOMEN DOMINI BENEDICTVM. Les florins qu'il fit battre à Nyon, Bourg, Chambéry, Cornavin, sont de deux espèces de bon et de petit poids. Son monnayage est divisé en deux parties : dans la première, figure sur ses monnaies le titre de *comes Sabaudiœ*, et, dans la seconde, celui de *dux Sabaudiœ*, après l'érection de la Savoie en duché par l'empereur Sigismond, en 1417.

Louis est représenté à cheval et armé, sur un ducat d'or, avec la légende : DEVS IN ADJVTORIVM NOSTRVM INTENDE. La croix losangée occupe le champ de quelques pièces, sur lesquelles la devise FERT est placée au revers; l'L, initiale de son nom, figure sur l'une et l'autre faces.

L'art du graveur de coins a pris un développement qui, déjà sensible sous ses prédécesseurs, se continue et grandit sous les règnes suivants. L'écu d'or et le ducat sont fort remarquables par la disposition générale, et surtout par la nouveauté, l'heureuse invention et le fini du dessin et de la gravure. Ce prince a employé une légende nouvelle au revers d'un double gros d'argent, qui remplace le saint Maurice représenté sur les monnaies de ses prédécesseurs, et que l'on ne retrouve plus après Charles II : SANCTVS MAVRICIVS DVX THŒB; dans le champ, une grande croix de S. Maurice. Le type de ce double gros a été reproduit, avec les variantes des noms des princes, sous Amédée IX et Philibert Ier.

Amédée IX est représenté à cheval et armé de toutes pièces sur ses ducats d'or, exemple suivi par ses successeurs Philibert Ier et Charles Ier. Il a employé les deux légendes suivantes : DEVS IN ADJVTORIVM MEVM INTENDE, sur un écu d'or, et SANCTVS MAVRICIVS DVX THŒB, sur un double gros de 1465.

Philibert Ier s'est servi de cette dernière et de la suivante : A DOMINO FACTVM EST ISTVD.

Charles Ier est reproduit en buste et de profil dans le champ d'un grand nombre de pièces; sur quelques-unes il porte l'épée nue à la main. Ce sont les premières représentations de la figure du souverain sur les monnaies de Savoie. Ce prince a employé plusieurs légendes : SIT NOMEN DOMINI BENEDICTVM — DOMINVS CONLI ADJVTOR ET GOV DESPICIA — KRS VINCIT, XRS REGNAT, XRS IMPERAT — CHRISTVS RESVRGIT IN PACE DEVS.

Son nom est écrit avec un K initial qui figure dans le champ de plusieurs de ses monnaies; à de rares exceptions il commence par un C. Jusqu'à son règne les marques des monnayeurs sont des signes : croissants, couronnes, fleurs placées entre les mots des légendes ; sur ses monnaies, elles sont remplacées par leurs initiales placées à la fin des légendes.

Nous ne connaissons que des pièces de billon de la régence de Blanche, tutrice de Charles-Jean-Amédée ; le nom de cette princesse, ou le B, initiale de son nom, figurent aux revers.

Philippe II est représenté à cheval, armé de toutes pièces, ou en buste de profil ; ce dernier est d'une grande netteté et rend parfaitement la physionomie. Les légendes dont il s'est servi sont : A DOMINO FACTVM EST ISTVD, sur plusieurs pièces de l'ordonnance de 1496 ; X R S VINCIT, X R S REGNAT, X R S IMPERAT, sur des testons et demi-testons de 1496 ; X R S RESVRGIT ( RES VENIT ) IN PACE DEVS, sur un demi-teston de 1497. Le P, initiale de son nom, figure dans le champ du revers de ses monnaies de billon ; sur quelques-unes est placé le chiffre romain VII, première indication du rang qu'il a occupé dans la série des ducs de Savoie.

Philibert II est plus fréquemment représenté en buste, et l'exécution de sa tête est fort bonne. Sur une grande pièce d'argent, qui a sans doute été frappée à l'occasion de son mariage, son buste, tourné à droite, occupe le champ, et au revers est le buste de sa femme Yolande, tournée à gauche ; la croix du commencement des légendes y est remplacée par un écu de Savoie.

IN TE DOMINE CONFIDO est la seule légende qu'il ait employée ; elle a été conservée par sept de ses successeurs, et a subsisté plus d'un siècle et demi sur les monnaies de nos princes. Il a été le second à indiquer son rang dans la succession de nos ducs par le chiffre romain VIII placé sur toutes ses monnaies. La lettre initiale de l'atelier de frappe et celle du nom du maître qui y a battu commencent à être placées sur quelques pièces.

Charles II, dont le monnayage fut considérable malgré les malheurs de son règne, a apporté une grande variété dans les légendes, les formules, les dessins et la valeur de ses monnaies, qui sont bien inférieures à celles de ses prédécesseurs. Ses légendes sont assez variées : SANC-TVS MAVRICIVS DVX THŒB, sur des pièces de 5 gros de 1526 et des tallards de 1553 ; — IN TE DOMINE CONFIDO — LAVS TIBI DOMINE, sur de nombreuses pièces de métaux différents, à diverses époques de son règne, et NIHIL DEEST TIMENTIBVS DEVM, légende qui lui est restée personnelle, sur des parpaïoles de 1549. Il a également étendu et varié ses formules : *Princeps marchio in Italia — Kblasy et Auguste S. R Imp pr.* — *Sacri Romani Imp princeps vicar perpet.* — La plupart de ses légendes portent Charles II, ne tenant pas compte de Charles-Jean-Amé et *dux Sabaudiœ VIII,* qui se réduit à V ou VI, lorsque la place a manqué au graveur.

Dans le champ figurent le K, avec ou sans couronne, et le C, initiales de son nom, qui est plus souvent écrit par C que pour Charles I, et parfois par Ch., et sur quelques-unes S, initiale de *Sabaudia.*

Avec Charles II les dates d'émission paraissent pour la première fois sur les monnaies ; l'on trouve sur quelques-unes les dates de 1546, 1552, 1553. Sur des pièces de billon de 24 au ducat, de l'ordonnance de 1535, le champ des deux faces de la pièce est occupé par une croix formée d'un côté des cinq écussons suivants : Savoie au centre, Empire, Suse, Chablais, Aoste, formant les bras accostés des lettres de la devise FERT. La croix du revers est formée de quatre fleurons ornés, au centre est une marguerite. Sur trois de ses monnaies d'or et d'argent, l'écu de Savoie a pour tenants deux lions, disposition qui ne reparaît que sous Charles-Emmanuel II. Il a également fait figurer sur des gros de Piémont l'écu de Savoie accosté d'un lion rampant, premières armes des cadets de Savoie, qui apparaît sur les sceaux de Thomas II, de Pierre, d'Aymon, seigneur de Chillon, et d'Amédée V, alors qu'il n'avait aucune espérance d'arriver au trône. On voit l'écu de Savoie placé au milieu d'une croix de saint Maurice sur un quart de gros de 1541 ; le cheval fit apparition sur des pièces dites cavalots, frappés ensuite de l'ordonnance de 1551.

Emmanuel-Philibert a chargé l'écu de Savoie d'une barre à trois lambels sur les monnaies qu'il a fait frapper du vivant de son père ; aucune d'elles ne porte la date d'émission qui se trouve sur presque toutes celles battues à partir de 1555. Les monnaies frappées du vivant de son père ne portent que son nom et son titre : *E. Philibertus de Sabaudie. R/. P. Pedemontis com. Asti.* Sa première devise, en rapport avec les malheurs qui frappèrent ses Etats et sa famille jusqu'au moment où il parvint si heureusement à relever sa fortune, fut : AVXILIVM MEVM A DOMINO, qui, jusqu'en 1561, figure exclusivement sur le plus grand nombre de ses monnaies d'or, d'argent et de billon.

Un double philibert d'or, frappé à Verceil en 1561, porte d'un côté les bustes de Philibert-Emmanuel et de Marguerite sa femme, et au revers des flèches enlacées par un serpent et la légende : † HERCVLEO VINCTA NODO. Ils sont également représentés sur les deux faces d'une pièce de 2 écus et une autre d'argent, frappés également à Verceil en 1566; les légendes commencent au bas par l'écu de Savoie pour le duc, et par celui de France pour la duchesse. A partir de 1561 nous trouvons la légende INFESTVS INFESTIS sur des pièces de divers métaux, à la partie supérieure du revers, sur lequel un éléphant est entouré de moutons ; puis IN DOMINO CONFIDO et IN TE DOMINE CONFIDO : la première sur des écus d'or frappés en 1561, 1571 et 1577 ; la seconde sur des monnaies de billon de 1564 à 1576, et sur un écu d'or de trois livres de 1564. A partir de 1564 nous voyons l'écu aux armes des provinces composant ses Etats, celui de Savoie placé sur le tout, qui apparaît en 1560 sur un teston frappé à Verceil, remplacer sur ses monnaies l'écu de Savoie ; seul employé par ses prédécesseurs, et qui ne se trouve plus que sur de petites monnaies de billon. La croix de Malte y figure à partir de 1571, chargée de la croix de S. Maurice ou de son écu, et parfois encore accostée des quatre écus de Savoie, de Chablais, d'Aoste et d'Empire.

Une livre de trois à l'écu, frappée à Verceil en 1561, porte son buste tourné à gauche, d'un côté, et au revers une couronne de chêne, et dans le champ la légende INSTAR OMNIVM. Les ateliers monétaires sont indiqués par la lettre initiale de leur nom : N, N-V, B, V, T, et pour Chambéry par une étoile à 5 rais ; les initiales des maîtres ne se montrent que sur des pièces frappées à Bourg et à Chambéry. De petites monnaies de billon ont ses initiales avec croix de S. Maurice au revers, accostées parfois du mot FERT ; un denier porte seulement le mot *Fert* coupé en deux par un lacs avec une fleur au revers ; un fort a l'écu de Savoie accosté de ses deux initiales, et au revers une croix formée d'une petite fleur et du mot *Fert.*

Charles-Emmanuel Ier fit encore battre monnaie en

Savoie : des ducatons, des sous et des quarts furent frappés à Chambéry. Au revers d'un blanc de 4 sous de l'atelier de Turin, l'écu de Savoie est placé sur la branche senestre d'une croix de S. Maurice. Il a employé un grand nombre de légendes : IN TE DOMINE CONFIDO sur la plupart des pièces des vingt premières années de son règne ; — NIHIL DEEST TIMENTIBVS DEVM sur un teston de 1590 et des demi-ducatons de 1595 et 1601 ; — AVXILIVM MEVM A DOMINO sur des testons de 1584 et 1595, et sur une pièce d'or de 1607 ; — TIBI SOLI ADERERE autour d'une croix de saint Maurice, sur un demi-gros de 1587 et sur une petite pièce d'or de 1610 ; — MIHI ABSIT GLORIARI autour d'une croix de saint Maurice, sur des gros de 1587 et 1610 ; — DE VENTRE MATRIS DEVS PROTECTOR MEVS sur des ducatons et demi-ducatons, et sur une pièce d'or du module et aux types des ducatons de 1591 à 1628 ; — PAX IN VIRTVTE TVA autour d'une Vierge tenant l'enfant Jésus, sur un ducat d'or ; — DISCERNE CAVSAM MEAM autour d'un saint Charles debout, et son nom, *S. Carolus,* à l'exergue d'une pièce d'argent de 9 florins, appelée un saint-charles ; — IN HOC EGO SPERABO autour d'une croix de S. Maurice, sur un florin et des testons de 1610 et 1611 ; — BENEDIC HEREDITATI TVÆ autour du bienheureux Amédée nimbé, tenant le sceptre, et appuyé sur un cartouche sur lequel est inscrite en abrégé la formule : FACITE IVDICIVM ET IVSTITIAM, DILIGITE PAVPERES, ET DOMINVS DABIT PACEM IN FINIBVS VESTRIS, sur des pièces de 9 et de 3 florins de 1619 et 1629 ; — EXPECTA DM VIRILITER AGE autour d'un écu de Savoie entouré d'un collier de l'Annonciade, sur un florin de 1629 ; — IN VIRTVTE TVA sous une croix de saint Maurice dans une couronne de lauriers, sur une livre de 1581. Sur un tallard de la même date il est représenté armé sur un cheval au galop; au revers une croix de S. Maurice prolongée par des fleurons est accostée des écus de Savoie, de Chablais, d'Aoste et d'Empire, dont l'aigle à deux têtes figure sur son écu. Sur un écu d'argent ou ducaton de 1588 est son buste très-grand, et au revers un centaure tirant de l'arc, un pied levé sur une couronne renversée avec la légende OPPORTVNE. Ses petites monnaies de billon portent seulement les initiales C. E., et au revers une croix de saint Maurice sans légende; la plupart ont à l'exergue l'initiale ou le signe du lieu de frappe. Une pièce d'argent ( demi-écu ? ) de 1621 a au revers la figure allégorique d'un compas avec la légende AMPLIOR DVM PRÆMOR; un demi-écu d'argent porte une destrochère armée d'une épée sortant d'un nuage, entourée de la légende OMNIA DAT QVI IVSTA NEGAT. Ce prince rabaissa le cours des monnaies et retomba, dans leur émission, dans une partie des errements contre lesquels son père avait réagi.

Victor-Amédée Ier a emprunté quelques légendes à ses prédécesseurs, mais en a deux qui lui sont particulières : NEC NVMINA DESVNT, à l'exergue TAVR 1634; dans le champ une couronne ducale, de laquelle s'élèvent trois étendards portant l'un la croix de saint Maurice, l'autre le médaillon de l'Annonciade, le troisième la croix de Savoie, sur des pièces d'or de 4 et de 8 écus, et sur une pièce d'argent d'une livre; — FŒDERE ET RELIGIONE TENEMVR sur une pièce d'or de très-grand module, frappée en 1635; dans le champ une croix formée de l'écu de Savoie et de lacs enlaçant le mot FERT, dont cette légende est une ingénieuse interprétation, accostée de mains liées; au pourtour une chaîne reliant des lacs. Les autres sont : IN TE DOMINE CONFIDO, sur des pièces de billon; — MIHI ABSIT GLORIARI, sur un gros de 1632, et BENEDIC HEREDITATI TVÆ, sur des pièces de 5 sols de 1632, au type de celles de Charles-Emmanuel I<sup>er</sup>. La formule *Rex Cypri* est employée sur une livre d'or de 1634 et sur deux pièces d'or de 1635.

François-Hyacinthe et Marie-Christine sont représentés en buste sur les livres d'or et d'argent qui nous sont parvenues; au revers est la Vierge tenant l'enfant Jésus tenant des branches d'olivier et entourés d'une couronne de même, et la légende ✱ DEDVCET NOS MIRABILI-TER DEXTERA TVA.

Charles-Emmanuel II, pendant la régence de Marie-Christine, est figuré avec sa mère sur plusieurs monnaies, et seul sur deux seulement. Sur des monnaies d'or et d'argent du type de celles de la régence de François-Hyacinthe, la croix et la fleur des légendes sont remplacées par deux C croisés, et la légende est devenue IVSTVM DEDVXIT PER VIAS RECTAS. Des C croisés forment une croix terminée par des couronnes sur de petites pièces d'or, et accostent une croix de S. Maurice au revers d'un demi-sou de 1641. La valeur de quelques pièces est indiquée sur quelques-unes des monnaies de Charles-Emmanuel II pendant et après la régence. Après avoir pris le pouvoir, ce prince a employé l'écu de Savoie ou l'écu écartelé, ayant parfois pour tenants deux lions; il n'a pas employé de légende sur ses monnaies, sur lesquelles figurent ses titres : *Dux Sabaudie princeps Pedemontium rex Cypri.*

Victor-Amédée II et sa mère Marie-Jeanne-Baptiste,

régente, ont leur buste sur toutes leurs monnaies d'or et d'argent; celles de cuivre ont une croix de saint Maurice ou alaisée dans le champ qu'entoure leur nom, et au revers un lacs surmonté de la couronne ducale et la date au-dessous. Sur une monnaie d'or de 1675, la Vierge tenant un sceptre et l'enfant Jésus debout sont entourés de la légende PVPILLVM. ET. VIDVAM. SVSCIPIET.

Arrivé à sa majorité, Victor-Amédée II a employé à peu près les mêmes types que son prédécesseur, et n'a point fait usage de légende, sauf sur une grande pièce d'or, sur laquelle il est représenté à cheval, et au revers la Justice sur un nuage est entourée de la formule PATRIAM TVENDO FIDEM SERVANDO. A dater de 1713 il fit frapper des monnaies spéciales en Sicile, et à partir de 1724 en Sardaigne, qui ne se rattachent point particulièrement à nos pays, où elles n'ont eu qu'un cours accidentel.

Charles-Emmanuel III a placé un écu aux armes de Sardaigne au-dessus de l'écu de Savoie sur ses écus écartelés, dont la forme est plus large et plus orne-mentée; quelques-uns sont supportés par des lions ac-croupis. Des quadruples sequins, des sequins et demi-sequins ont sur une face une aigle éployée à une seule tête, chargée de l'écu de Savoie surmonté d'une couronne d'où part le collier de l'Annonciade entouré de son nom, suivi de la formule D. G. SARDINIÆ REX; au revers l'Annonciation, avec la date à l'exergue. Il a fait frapper quelques monnaies de cuivre au type de Plaisance en 1746, pendant qu'il posséda cette ville. A dater de 1755 son écu est écartelé des armes de ses anciennes et nou-velles possessions, et chargé de l'aigle à l'écu de Savoie. Il a également fait frapper une monnaie spéciale en Sar-daigne.

Victor-Amédée III a employé les mêmes types que
son prédécesseur; au revers d'une pièce dé cuivre est
placé un saint Maurice debout, la droite appuyée sur sa
lance ; à l'exergue : *sol 5* et la légende S. MAVRITIVS.
PATRONVS. TOTIVS. DITIONIS, et sur un royal, pièce
de billon de 1791 : INIMI. EI. IND. CONF., légende reproduite par Charles-Emmanuel IV sur une monnaie
semblable frappée en 1797.

Les monnaies des derniers règnes sont plus générale-
ment connues et ne présentent pas de particularités in-
téressantes à signaler.

---

# Bibliographie.

---

ARGELATI. *De monetis Italiæ variorum illustrium
virorum dissertationes,* cinq volumes in-4º, Mi-
lano; le tome V contient : *Additiones ad nummos
variarum Italiæ urbium.*

BAILLY (Gaspard). *Traité sur le renfort et le rabais
des monnaies,* in-4º, Lyon, 1668.

BARTHÉLEMY (Anatole de). *Monnaie de Louis de Savoie.* — Revue numismatique, tome XV, 1850.

IDEM. *Monnaies du moyen âge inédites.* — Revue
numismatique, tome VII, 2e série, 1862.

IDEM. *Manuel de la numismatique moderne.* Paris,
1851, deux volumes in-12 et atlas.

BLANCHET. *Mémoires sur les monnaies des pays voisins du Léman.* — Mémoires de la Société d'histoire de la Suisse romande, tome XIII, in-8°, Lausanne,-1854.

BLAVIGNAC. *Notice descriptive sur les monnaies trouvées dans le trésor de Feygère.* — Mémoires de la Société d'histoire et d'archéologie de Genève, tome VI, 1849.

IDEM. *Armorial genevois.* — Mémoires de la Société d'histoire et d'archéologie de Genève, tome VII, 1850.

CHAPONNIÈRE. — *De l'institution des ouvriers monnoyers du saint Empire romain et de leurs parlements.* — Mémoires de la Société d'histoire et d'archéologie de Genève, tome II, page 29, 1842.

CIBRARIO. *Economie politique du moyen âge,* deux volumes in-8°, Paris.

CIBRARIO et PROMIS. *Documenti, monete e sigilli,* in-8°, Torino, 1833.

CORDERO DI S. QUINTINO. *Monete del decimo e dell'undecimo secolo scoperte nei dintorni di Roma nel 1843.* — Memorie dell'Accademia delle scienze, in-4°, Torino, série II, tome X, 1847.

DUBY-TOBIESEN. *Traité des monnaies des barons,* deux volumes in-folio, Paris, 1790.

FEUARDENT. *Gros inédits de Louis II, baron de Vaud.* — Revue numismatique, 1860.

FRIEDLAENDER. *Monnaies des princes français d'Achaïe et d'Athènes.* — Revue numismatique, 1843.

GÉRY. *Monnaies du moyen âge trouvées à Paladru.* — Revue numismatique, 1865, tome V, 2e série.

GUICHENON (Samuel). *Histoire généalogique de la royale Maison de Savoie*, deux volumes in-folio, Lyon, 1660.

LECOY DE LA MARCHE. *Testament d'Amédée III, — L'église de Notre-Dame d'Annecy, — La monnaierie des comtes de Genevois.* — Revue savoisienne, 4e année, 1863, page 61.

LELEWEL. *Numismatique du moyen âge,* deux volumes in-12 et atlas, 1835.

LÉVRIER. *Histoire des comtes de Genevois.*

MAGASIN PITTORESQUE, 1835, 1842, 1849.

MOREL-FATIO. *Trouvaille monétaire de Rumilly,* Annecy, 1870. — Revue savoisienne, page 77.

MURATORI. *Antiquitates italicœ medii œvi,* Mediolani, 1739.

PERRIN. *Le monnayage en Savoie sous les princes de cette Maison.* — Mémoires de la Société savoisienne d'histoire et d'archéologie, tome XIII, 1872.

IDEM. *De l'association des monnayeurs du saint Empire romain et des ateliers de Piémont qui en firent partie,* Turin, 1873.

IDEM. *Une monnaie du comte Thomas.* — Revue savoisienne, 1874, page 58.

PINA (de). *Notice sur quelques monnaies inédites ou peu connues, frappées dans les environs du lac Léman.* — Revue numismatique, 1838.

PINGONIUS. *Augusta Taurinorum,* Taurini, 1577, in-folio.

PROMIS (Dominico). *Monete dei reali di Savoia,* deux volumes in-4o, Turin, 1841.

IDEM. *Monete del Piemonte inedite o rare,* Torino, in-4o, 1852.

PROMIS ( Dominico ). *Monete inedite del Piemonte, supplemento,* Torino, 1866.—Miscellanea di storia italiana.

PROMIS ( Vincenzo ). *Tavole sinòttiche delle monete italiane,* in-4º, Torino, 1869.

IDEM. *Notice sur les jetons de Marguerite de Bourgogne, duchesse de Savoie.* — Mémoires de la Société savoisienne d'histoire et d'archéologie, tome XV, Chambéry, 1876, page 177.

RABUT ( François ). *Jetons inédits de Genevois.* — Revue florimontane, 1855, page 53.

IDEM. *Notice sur quelques monnaies de Savoie inédites.*—Mémoires de l'Académie de Savoie, 2e série, tome I, pages 159-178, in-4º, Chambéry, 1851.

IDEM. *Deuxième notice sur quelques monnaies de Savoie inédites.* — Mémoires de l'Académie de Savoie, 2e série, tome II, pages 47-80, 1854.

IDEM. *Troisième notice sur quelques monnaies de Savoie inédites.* — Mémoires de l'Académie de Savoie, 2e série, tome III, pages 119-135, 1859.

IDEM. *Quatrième notice sur quelques monnaies de Savoie inédites.* — Mémoires de l'Académie de Savoie, 2e série, tome V, pages 1, 186.

IDEM. *Denier de l'évêché de Saint-Jean-de-Maurienne, frappé à Aiguebelle au XIe siècle.* — Mémoires de la Société savoisienne d'histoire et d'archéologie, tome III, in-8º, Chambéry, 1859.

IDEM. *Cinquième notice sur quelques monnaies de Savoie inédites.* — Mémoires de la Société savoisienne d'histoire et d'archéologie, tome XIII, 1872.

SATTLER (Albert). *Die Münzen der Grafen von Genf.* Vienne, in-8º, 1871.

SERAND (Eloi). *Note iconographique sur les monnaies des comtes du Genevois, frappées à Annecy.* — Bulletin de la Société florimontane, année 1855, page 133.

IDEM. *Ecu d'or d'Amédée VII, 1391.* — Revue savoisienne, 1867, page 60.

SORET (F.). *Lettre sur un gros inédit de Louis de Savoie.* — Revue numismatique, 1850.

IDEM. *Lettre sur des monnaies trouvées aux environs de Genève.* — Mémoires de la Société archéologique de Genève, in-8°, tome II, page 400.

VALLIER. *Des parlements généraux des monnayeurs du saint Empire romain et de leurs parlements,* brochure in-8°, Marseille, 1871.

VERNAZZA. *Moneta di Edoardo, conte di Savoia.* Torino, 1790, brochure.

IDEM. *Vita di Giovana-Battista di Savoia.* Torino, 1813. — Mémoires de l'Académie impériale des sciences, série I, tome XXI.

VOGUÉ (de). *Monnaies inédites des Croisades.*— Revue numismatique, 1864-1865.

# CATALOGUE

DU

# MÉDAILLIER DE SAVOIE

Le médaillier de Savoie du Musée départemental appartenant à la ville de Chambéry pour la plus grande partie, nous n'avons pas cru devoir reproduire cette indication à chaque pièce. La mention des donateurs ou le mode d'entrée sont seuls indiqués par les abréviations suivantes : A. M., ancien musée, provenant de la collection remise par la Société savoisienne d'histoire naturelle; P. C., pour les pièces du médaillier données par M. le comte Paul de Costa; M. D., musée départemental, pour les dons et acquisitions faits depuis 1863; seules ces dernières monnaies ne sont pas la propriété de la ville. Les chiffres qui précèdent ces signes indiquent le nombre d'exemplaires. Nous avons employé une double classification : les pièces ont un numéro d'ordre général et un numéro d'ordre par règne; le poids est donné en poids ancien et en poids moderne, pour faciliter les comparaisons avec les publications qui ont employé l'un ou l'autre de ces deux systèmes.

# CATALOGUE

## HUMBERT II (1080-1103).

1    1. Croix accompagnée de deux globules aux cantons supérieurs; † VMBERTVS, entre deux grenetis.

*R*/ Etoile à six rais, accostée de deux points obliques; † SECVSIA, entre deux grenetis.

PROMIS, pl. I, n° 2. Denier frappé à Suse. AR. 0,95 centigrammes (17 grains). — 1 exemplaire : A. M.

2    2. Croix accompagnée de deux globules aux cantons supérieurs; † VMBERTVS, entre deux grenetis.

*R*/ Etoile à six rais, accostée de deux points obliques; † SECVSIA, entre deux grenetis.

Variété Promis, pl. I, n° 2. Denier frappé à Suse. AR.
1 gramme 05 (19 grains). — 6 exemplaires : 2 A. M., 3 P. C.,
1 M. D.

3    3. Croix accompagnée de deux globules aux cantons supérieurs; ✝ VMBERTVS, entre deux grenetis.

*R/* Etoile à six rais, accostée de deux points obliques; ✝ SECVSIA, entre deux grenetis.

Promis, pl. I, n° 3. Denier frappé à Suse. AR. 1 gramme 05
(19 grains). — 6 exemplaires : 3 A. M., 3 P. C.

4    4. Croix accompagnée de deux globules aux cantons supérieurs; ✝ VMBERTVS, entre deux grenetis d'un travail grossier.

*R/* Petite fleur à huit pétales, accostée de deux
globules placés sur une ligne oblique; ✝ SECVSIA,
entre deux grenetis irréguliers.

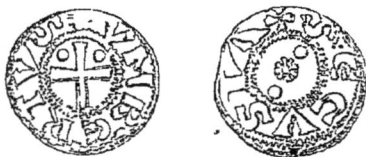

Rᴀʙᴜᴛ, *1ʳᵉ Notice*, pl. I, nº 1. Denier frappé à Suse. AR.
1 gramme (18 grains). — 1 exemplaire : A. M.

5    5. Croix accompagnée de deux globules aux cantons supérieurs; † VMBERTVS, entre deux filets
coupés de traits.

*R/* Etoile à huit rais, accostée de deux globules
placés sur une ligne oblique; † SECVSIA, entre
deux filets coupés de traits.

Inédit. Les différences que présente ce denier sont une
étoile à huit rais qui remplace l'étoile à six rais des autres
deniers d'Humbert II, et la position des S, qui sont penchées
comme dans les monnaies d'Amédée III. AR. 1 gramme 15
(22 grains). — 1 exemplaire : P. C.

# AMÉDÉE III (1103-1148).

6    1. Croix pattée, avec globules aux cantons supérieurs; ☉ AMEDEVS, entre deux grenetis perlés.

*R/* Trois globules placés sur une ligne horizontale; ☉ SECVSIA, entre deux grenetis perlés.

PROMIS, pl. I, n° 1. Denier frappé à Suse. AR. 1 gramme 05
(19 grains). — 4 exemplaires : 2 A. M., 2 P. C.

7    2. Croix pattée, avec globules aux cantons supérieurs; ☉ 'A'MEDEVS, entre deux grenetis perlés.

*R/* Trois globules placés sur une ligne horizontale; ☉ SECVSI'A', entre deux grenetis perlés.

PROMIS, pl. I, n° 2. Denier frappé à Suse. AR. 0,85 centigrammes (17 grains). — 3 exemplaires : 2 A. M., 1 P. C.
Diffère du dessin donné par Promis par les deux accents qui
accompagnent l'A du revers; c'est peut-être un oubli du graveur.

8  3. Croix pattée, avec globules aux cantons supérieurs ; ◎ AMEDEVS, entre deux grenetis perlés.

*R/* Trois globules placés sur une ligne horizontale ; ◎ SECVSIA, entre deux grenetis perlés.

Denier frappé à Suse. AR. 0,70 centigrammes (13 grains). — 2 exemplaires : A. M. Au type du n° 1 de Promis, mais de la dimension du n° 2.

9  4. Croix pattée, avec globules aux cantons supérieurs ; ◎ 'A'MEDEVS, entre deux grenetis formés de petits ronds espacés sur un filet.

*R/* Trois globules placés sur une ligne horizontale ; ◎ SECVSI'A', entre deux grenetis formés de petits traits coupant un filet.

Denier frappé à Suse. AR. 0,80 centigrammes (15 grains). — 1 exemplaire : A. M. Diffère du précédent par les grenetis.

10  5. Croix pattée, avec globules aux cantons supérieurs ; ◎ AMEDEVS, entre deux grenetis formés de perles espacées sur un filet.

*R/* Trois globules placés sur une ligne horizontale ; ◎ SECVSIA, entre deux grenetis formés de perles espacées sur un filet.

Promis, pl. I, n° 4. Denier frappé à Suse. AR. 0,85 centigrammes (16 grains). — 1 exemplaire : A. M.

# THOMAS (1188-1232).

11    1. Croix pattée; ✝ THOMAS, entre deux grenetis perlés.

*R/* Etoile à six rais; ✝ SECVSIA, entre deux grenetis perlés.

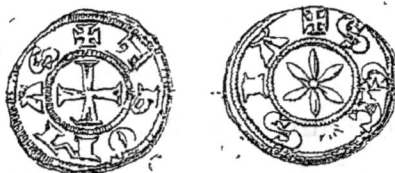

PERRIN, *Revue savoisienne,* 1877. Denier. AR. 1 gramme (18 grains). — Première monnaie connue de ce prince, dont le nom est resté si populaire en Savoie. M. D., achat.

# AMÉDÉE IV (1232-1253).

12    1. Etoile à six rais, cantonnée d'un point sous l'S; ✝ AM' ⚜ COMES, entre deux grenetis réguliers.

*R/* Croix pattée, avec point au canton senestre supérieur; ✝ ⚜ SABAVDIE ⚜, entre deux grenetis réguliers.

PROMIS, pl. I, n° 2. Obole blanche. — 2 exemplaires : P. C.

13   2. Etoile à six rais, cantonnée d'un point sous l'A;
† AM' ⁂ COMES, entre deux grenetis.

*R/* Croix pattée, avec un point au canton senestre
supérieur; † ⁂ SABAVDIE ⁂, entre deux grenetis.

RABUT F., *3ᵉ Notice*, pl. I, n° 1. Obole blanche. 0,85 centigrammes (15 grains). — 3 exemplaires : 2 P. C., 1 A. M.

14   3. Etoile à six rais, cantonnée d'un point sous l'S;
† AM' ⁂ COMES, entre deux grenetis.

*R/* Croix pattée, avec un point au canton senestre
supérieur : † ⁂ SABAVDIE ⁂, entre deux grenetis.

PERRIN, *Monnayage en Savoie*. Obole blanche, AR. 0,70
centigrammes (13 grains). — 1 exemplaire : P. C.

15   4. Etoile à six rais, cantounée d'un point sous l'S;
† AMED ❀ COMES, entre deux grenetis.

*R/* Croix pattée, avec un point au canton senestre
supérieur ; † ❀ SABAVDIE ❀, entre deux grenetis.

PROMIS, pl. II, n° 3. Obole blanche. Billon. 0,80 centigr.
(15 grains). — 2 exemplaires : A. M.

16   5. Croix pattée, avec un point au canton senestre supérieur; ✝ A·M' ⁙ COMES, entre deux grenetis.

*R/* Etoile à six rais, cantonnée de deux points obliques; ✝ SABAVDIE, entre deux grenetis.

RABUT F., *3ᵉ Notice*, pl. I, n° 2. Denier d'argent. 1 gr. 15 centigr. (22 grains). — 6 exemplaires : 4 A. M., 2 P. C.

17   6. Croix pattée, avec point au canton senestre supérieur; ✝ ·A∘M ⁙ COMES, entre deux grenetis.

*R/* Etoile à six rais, cantonnée de deux points obliques; ✝ SABAVDIE, entre deux grenetis.

PERRIN, *Monnayage en Savoie*. Denier. 0,70 centigrammes (13 grains). — 1 exemplaire : A. M.

18   7. Croix pattée, avec point au canton senestre supérieur; ✝ A·M' ⁙ COMES, entre deux grenetis.

*R/* Etoile à six rais, accompagnée de deux points placés horizontalement; ✝ SABAVDIE, entre deux grenetis.

PERRIN, *Monnayage en Savoie*. Denier. 1 gr. 10 centigr. (19 grains). — 2 exemplaires : P. C.

19   8. Croix pattée, avec point au canton senestre supérieur; ✝ A·M' ⁙ COMES, entre deux grenetis.

*R/* Etoile à six rais, accompagnée de deux points

placés obliquement; ✝ SABAVDIE, entre deux grenetis.

PERRIN, *Monnayage en Savoie*, page 142. Denier. AR. 1 gr.
10 centigr. (19 grains). — 6 exemplaires : 3 A. M., 3 P. C.
Diffèrent par les deux fleurs qui remplacent les molettes.

20   9. Croix pattée, cantonnée d'un point au canton
senestre supérieur; ✝ AM' ⁕ COMES, entre deux
grenetis.

*R/* Etoile à six rais, cantonnée de deux points
obliques; ✝ SABAVDIE, entre deux grenetis.

PERRIN, *Monnayage en Savoie,* page 143. Denier. AR. 1
gr. 05 centigr. (18 grains). — 1 exemplaire : A. M. Diffère par
deux étoiles ou molettes peu marquées.

21   10. Croix pattée, avec point au canton senestre
supérieur; ✝ AM' ⁑ COMES, entre deux grenetis.

*R/* Etoile à six rais, cantonnée de deux points
obliques; ✝ SABAVDIE, entre deux grenetis.

PERRIN, *Monnayage en Savoie,* page 143. Denier. AR. 1 gr.
50 centigr. (29 grains). — 6 exemplaires : 3 A. M., 3 P. C.
Diffèrent par une seule molette.

22   12. Croix pattée, accompagnée d'un point au canton senestre supérieur; ✝ A·M' ⁑ COMES, entre deux
grenetis.

8

*R/* Étoile à six rais, cantonnée d'un point sous l'S; † SABAVDIE, entre deux grenetis.

Rabut F., *3e Notice,* pl. I, n° 1. Denier. AR. 74 centigr. (14 grains). — 2 exemplaires : A. M.

---

# PIERRE II (1263-1268).

**23**  1. Grande étoile à six rais, † ° P° COMMES, entre deux grenetis.

*R/* Croix pattée ; † SABAVDIE, entre deux grenetis.

R. Géry, *Monnaies du moyen âge trouvées à Paladru (Isère).* Denier. AR. 1 gr. 06 centigr. (33 grains). — 2 exemplaires : 1 A. M., don de M. le marquis d'Oncieu (prix d'achat : 25 fr.); 1 M. D. (prix d'achat : 10 fr.).

# AMÉDÉE V (1285-1323).

24  1. Aigle éployée, à deux têtes, surmontée d'un point secret; ✝ ⁂ AMED⁻S ⁂ COMES ⁂ SAB', entre deux grenetis.

*R/* Croix pattée, formée de quatre angles droits, coupant la légende cantonnée des lettres A,M,E,D'; ⁂ PED' | MON | TEN | SIS, entre deux grenetis.

PROMIS, pl. II, n° 2. Gros de Piémont. AR. 2 gr. 25 centigr. (42 grains). — 1 exemplaire P. C.

25  2. Aigle éployée, à deux têtes, surmontée d'un point secret; ✝ ⁂ AMED⁻S ⁂ COMES ⁚ SAB', entre deux grenetis.

*R/* Croix pattée, formée de quatre angles droits, coupant la légende, point secret au canton senestre supérieur, cantonnée des lettres A,M,E,D'; ⁂ PED' | MON | TEN | SIS, entre deux grenetis.

Gros de Piémont. A R. 2 gr. 30 centigr. (43 grains). — 1 exemplaire P. C. Variété du précédent. PERRIN, *Monnayage en Savoie,* page 145.

**26** 3. Croix pattée, formée de quatre angles droits coupant la légende, cantonnée des lettres A,M,E,D'; ⚹ A | ME | DE | VS, entre deux grenetis.

*R/* Etoile à six rais, avec point central; COMES ⚹ SABAVDIE, entre deux grenetis.

Variété de Promis, pl. III, n° 3. Petit denier de Piémont. Billon. 0,60 centigr. (12 grains). — 1 exemplaire P. C., Perrin, *Monnayage en Savoie,* p. 145. Diffère par les deux croisettes qui commencent la légende du droit, dont l'A est barré, tandis qu'une seule sépare les mots du revers.

# EDOUARD (1323-1329).

**27** 1. Ecu de Savoie surmonté d'une molette d'éperon à cinq rais ⚹; ❋ ED'VARD' ⚹ COM, entre deux grenetis.

*R/* A gothique accompagné de quatre molettes d'éperon à cinq rais; ❋ D'SABAVDI, entre deux grenetis.

PROMIS, pl. II, n° 2. AR. Fort escucellé. 0,90 centigrammes (17 grains). — 4 exemplaires : 2 A. M., 2 P. C.

28  2. Ecu de Savoie surmonté d'une molette d'éperon à cinq rais; ✠ ED'VARD' ⁂ COM, entre deux grenetis.

*R/* A gothique accompagné de quatre molettes d'éperon à cinq rais; ✠ D'SABAVDI, entre deux grenetis.

PROMIS, pl. II, n° 2. AR. Fort escucellé d'un titre supérieur. Diffère par l'accent renforcé placé après D' du revers. 1 gr. 20 centigrammes (24 grains). — 1 exemplaire : A. M.

29  3. E gothique, ✠ D'VARD' ⁝ COM, entre deux grenetis.

*R/* Ecu de Savoie; ✠ SABAVDIE, entre deux grenetis.

PERRIN, *Monnayage en Savoie*, page 146. Obole à l'E. Billon. 63 centigrammes (12 grains). — 1 exemplaire P. C.

# AIMON (1329-1343).

30    1. Les lettres composant le nom du prince forment la croix; AIMO, légende ✠ ⁞ COMES ⁞ SABAVDIE ⁞, entre deux grenetis.

*R/* Ecu de Savoie; ✠ IN ITALIA ⁞ MARCHIO, entre deux grenetis.

PROMIS, pl. II, n° 1. Gros denier blanc. AR. 1 gr. 37 centigr. (30 grains). — 1 exemplaire : A. M.

31    2. Etoile à six rais, avec point central; ✠ ⁞ AIMO ⁞ COMES ⁞, entre deux grenetis.

*R/* Ecu de Savoie; ✠ ⁞ SABAVDIE ⁞, entre deux grenetis.

PROMIS, pl. II, n° 2. Fort denier blanc. Billon. 0,53 centigr. (10 grains). — 1 exemplaire : P. C.

32   3. Étoile à six rais ; ✠ ⁸ AIMO ⁸ COMES ⁸, entre deux grenetis.

*R/* Ecu de Savoie; ✠ ⁸ SABAVDIE ⁸, entre deux grenetis.

PERRIN, *Monnayage en Savoie,* page 146. Fort denier blanc. Diffère par les deux points-ouverts qui séparent les mots des légendes. Billon. 0,53 centigrammes (10 grains). — 1 exemplaire : P. C.

33   4. A gothique, avec point secret au milieu, accompagné de quatre molettes d'éperon à cinq rais ; ✠ IMO ⁎ COMES ⁎ SABAVDIE, entre deux grenetis.

*R/* Ecu de Savoie dans un contour formé de trois demi-cercles et trois angles alternativement aboutés ; ✠ IN ITALIA ⁸ MARCHIO, entre deux grenetis.

PERRIN, *Monnayage en Savoie,* page 146. Gros denier blanc, frappé à Chambéry par Bernard Robert, en 1341. Diffère de PROMIS, pl. II, n° 3, par la fleur à cinq pétales qui remplace un point entre les mots des légendes et par le point secret dans l'A. AR. 2 grammes 12 (demi-gros et 4 grains). — 1 exemplaire : P. C.

34   5. A gothique; ✠ ⁸ IMO ⁸ COMES, entre deux grenetis très-fins.

*R/* Croix pattée, coupant la légende, cantonnée d'un point aux 1er et 3e quartiers; ✠ ○ SA | BA | VD | IE, entre deux grenetis très-fins.

Promis, pl. III, n° 4. Petite obole blanche. Billon. 42 centigr. (8 grains). — 1 exemplaire : P. C.

35    6. A gothique, avec point secret, accompagné de quatre molettes d'éperon à cinq rais; ✠ ⁞ IMO ⁞ COM ⁻ ⁞ SABAVDIE, entre deux grenetis très-fins.

*R/* Croix pattée, formée de quatre rectangles coupant la légende, avec point central, cantonnée de trois points dans chaque canton; ⁞ INIT | ALIA | MAR | CHIO, entre deux grenetis.

Promis, pl. III, n° 5. Gros denier blanc douzain. AR. 2 gr. 22 centigrammes (demi-gros et 5 grains). Diffère par le trait — abréviatif sur COM; sans doute un oubli du graveur. — 3 exemplaires : A. M.

36    7. A gothique; ✠ ⁞ IMO ⁞ COMES, entre deux grenetis.

*R/* Croix pattée, coupant la légende, cantonnée de quatre points; ⁸ SA | BA | VD | IE, entre deux grenetis.

Variété de Promis, pl. III, n° 6. Fort denier blanc. Billon. 69 centigrammes (13 grains). — 2 exemplaires : 1 A. M., 1 P. C. Les légendes commencent par deux points, et il n'y a pas de point après COMES.

---

# AMÉDÉE VI (1343-1383).

37    1. Aigle éployée à deux têtes; ✠ ˟ AMEDEVS ˟ COMES ˟, entre deux grenetis.

*R/* Ecu de Savoie surmonté d'une fleur à quatre pétales; ✠ ˟ DE ˟ SABAVDIA ˟, entre deux grenetis.

Promis, pl. III, n° 1. Fort à l'aigle. Billon. 85 centigrammes (16 grains). — 1 exemplaire : P. C.

38    2. Aigle éployée à deux têtes; ✠ ⁝ AMEDEVS ⁝ COMES, entre deux grenetis.

*R/* Ecu de Savoie surmonté de quatre points en croix; ✠ ⁝ DE ⁝ SABAVDIA ⁝, entre deux grenetis.

PERRIN, *Monnayage en Savoie,* page 147. Variété du fort à l'aigle plus faible. Billon. 68 centigrammes (13 grains). — 1 exemplaire : P. C. Diffère par le signe monétaire et par des annelets qui remplacent les croisettes pour séparer les mots des légendes.

39    3. A gothique, cantonné de quatre molettes d'é-peron à cinq rais; ✠ AMEDEVS ⁝ COMES ⁝, entre deux grenetis.

*R/* Ecu de Savoie surmonté d'un croissant; ✠ DE ⁝ SABAVDIE ⁝, entre deux grenetis.

PERRIN, *Monnayage en Savoie,* page 147. Double de monnaie noire. Billon. 89 centigr. (17 grains). — 1 exemplaire : P. C. Variété de RABUT, *5e notice,* dont il diffère par les points fermés et les petites roses séparant les mots des légendes.

40    4. A gothique, point secret à l'intérieur, accompagné de quatre molettes d'éperon à cinq rais, le tout dans un double contour formé de quatre demi-cercles aboutés; ✠ MED ⁝ COMES ⁝ SABAVDIE, entre grenetis.

*R/* Ecu de Savoie surmonté d'une molette d'éperon à cinq rais, dans un double contour formé de trois demi-cercles et trois angles, alternativement aboutés; ✠ INTALIA ⁝ MARCHIO, entre grenetis.

Perrin, *Monnayage en Savoie,* page 147. Parpaïole frappée
à Saint-Genix. AR. 3 gr. 04 centigrammes (demi-gros et 39
grains). Prix d'achat : 20 fr. — 2 exemplaires : 1 P. C., 1
A. M. Diffèrent de l'exemplaire de Promis par les croix pattées
du commencement des légendes et par les molettes et les
points qui séparent les mots des légendes, et le premier I
d'ITÁLIA, qui manque au revers.

41    5. A gothique, accompagné de quatre fleurs à cinq
pétales, le tout dans un double contour formé de
quatre demi-cercles aboutés; ✠ MED' ◦ COMES ⁚
SABAVDIE, entre deux grenetis.

*R/* Ecu de Savoie surmonté d'une fleur à cinq
pétales, dans un double contour formé de trois demi-
cercles et de trois angles alternativement aboutés; ✠
INITALIA ⁚ MARCHIO, entre deux grenetis.

Perrin, *Monnayage en Savoie,* page 148. Parpaïole. AR.
3 grammes (demi-gros et 25 grains). — 1 exemplaire : P. C.
Variété où des fleurs à cinq pétales remplacent les molettes
d'éperons et où deux points séparent les mots des légendes.

42    6. A gothique à deux traits, accompagné de quatre
fleurs à six pétales trilobées; ✠ COMES ❊ DE ❊
SABAVDIE, entre deux grenetis.

*R/* Ecu de Savoie, accompagné de quatre petites

roses; ✠ IN ITALIA ❀ MARCHIO ❀, entre deux grenetis.

Rabut F., *1re Notice,* pl. I, n° 4. Denier fort. AR. 1 gr. 22. (23 grains). — 9 exemplaires : 5 A. M., 4 P. C.

43     7. A gothique à deux traits, accompagné de quatre fleurs à six pétales; ✠ COMES ⋇ DE ⋇ SABAVDIE, entre deux grenetis.

*R/* Ecu de Savoie, accompagné de trois fleurs à cinq pétales; ✠ INITALIA ⋇ MARCHIO, entre deux grenetis.

Rabut F., *4e Notice.* Denier fort. Billon. 1 gramme 27 (24 grains). — 1 exemplaire : P. C.

44     8. A gothique surmonté d'une croisette; ✠ ⋇ MED' ⋇ COMES ⋇, entre deux grenetis.

*R/* Ecu de Savoie; ✠ SABAVDÍE, entre deux grenetis.

Promis, pl. IV, n° 7. Viennois frappé par Bonnacorso en 1359. Billon. 63 centigrammes (12 grains). — 2 exemplaires : 1 A. M., 1 P. C.

45     9. A gothique, accompagné de quatre fleurs à cinq pétales, dans un double contour formé de quatre demi-circonférences aboutées; ✠ MED' ❀ COMES ❀ SABAVDIE, entre deux grenetis.

*R/* Ecu de Savoie, surmonté d'une fleur à cinq pétales, dans un double contour formé de quatre demi-circonférences aboutées; ✠ ❀ INITALIA ❀ MARCHIO, entre deux grenetis.

PROMIS, pl. IV, n° 8. Obole blanche frappée à Chambéry par Bonnacorso. AR. 1 gramme 27 (demi-gros). Les grenetis des quatre demi-circonférences intérieures sont une erreur du graveur; il y a un filet continu.

10. A gothique, accompagné de quatre fleurs à cinq pétales; ✠ ❀ AMED ❀ COMES, entre deux grenetis.

*R/* Ecu de Savoie, surmonté d'une fleur à cinq pétales; ✠ ❀ SABAVDIE ❀, entre deux grenetis.

PROMIS, pl. IV, n° 9. Fort frappé à Chambéry par Bonnacorso, ordonnance du 15 février 1357. Billon. 1 gr. 33 centigr. (25 grains). Prix d'achat : 3 fr. — 7 exempl. : 6 P. C., 1 M. D.

11. A gothique, accompagné de quatre croisettes; ✠ ❀ MED ❀ COMES ❀, entre deux grenetis.

*R/* Ecu de Savoie surmonté d'une croisette; ✠ ❀ SABAVDIE ❀, entre deux grenetis.

Rabut F., *2ᵉ Notice,* pl. I, n° 2. Denier frappé par Bonnacorso: AR: 79 centigrammes.

48    12. A gothique, accompagné de quatre croisettes; ✠ ˟ MED ˟ COMES ˟, entre deux grenetis.

*R/* Ecu de Savoie surmonté d'une croisette; ✠ ˟ SABAVDIE, entre deux grenetis.

Variété inédite du précédent. Denier. AR. 74 centigrammes (14 grains). Prix d'achat : 6 fr. Diffère par les croisettes qui séparent les mots des légendes.

49    13. Ecu de Savoie échancré, penché, timbré du heaume de Savoie, angoulé d'une tête de lion ailée, accompagné de deux lacs d'amour; le tout dans un double contour allongé, coupant en deux la légende, formé de deux demi-cercles, deux quarts de cercles et quatre angles alternativement aboutés, accompagnés de points aux angles extérieurs; ° AMEDEVS ⁞ ° DI ° ° GRA ⁞ COMES °, entre deux grenetis.

*R/* Croix pattée, cantonnée de fleurs à six pétales; ✠ SABAVD' ⁞ INITALIA ⁞ MARCHIO, entre deux grenetis.

Promis, pl. II, n° 12. Gros d'argent fort frappé à Chambéry par Baroncello. AR. 2 grammes 12 (demi-gros et 5 grains). Prix d'achat : 25 fr. — 1 exemplaire : P. C.

0   14. Ecu de Savoie échancré, penché, timbré du heaume de Savoie, angoulé d'une tête de lion ailée, accompagné de lacs d'amour ; le tout dans un double contour allongé, coupant en deux la légende, formé de deux demi-cercles, deux quarts de cercles et quatre angles alternativement aboutés ○ AMEDEVS ○ DI ○ GRA ⁛ COMES ○, entre deux grenetis.

*R*/ Croix pattée, cantonnée de fleurs à six pétales ; ✠ SABAVD' ⁂ INITALIA ⁂ MARCHIO, entre deux grenetis.

Perrin, *Monnayage en Savoie,* page 148. Variété du précédent. Gros d'argent fort. AR. 2 gr. 23 centigrammes (demi-gros et 6 grains). Diffère par la fleurette qui remplace un point entre les mots des légendes du revers.

1   15. A gothique, dans un double contour formé de quatre demi-circonférences aboutées, cantonnées de quatre points ; ✠ ⁛ MED ⁛ COMES ⁛ SABAVDIE ⁛, entre deux grenetis.

*R*/ Croix pattée, cantonnée de quatre molettes d'éperon à six rais ; ✠ ⁛ INITALIA ⁛ MARCHIO ⁛, entre deux grenetis.

Perrin, *Monnayage en Savoie,* page 148. Variété de Promis, table complémentaire, pl. I, n° 5. Quart de gros. Billon. 1 gr. 06 centigr. (20 grains). Diffère par les points qui précèdent et terminent les légendes.

# AMÉDÉE VII (1383-1391).

52　　1. A gothique surmonté d'une croisette, le tout dans un double contour formé de quatre demi-cercles aboutés ; ✠ MED' ❀ COMES ❀ SABAVDIE, entre deux grenetis.

*R/* Croix formée de quatre angles droits, joints aux extrémités et coupant la légende, cantonnée de quatre croisettes ; ❀ INIT | ALIA | MAR | CHIO, entre deux grenetis.

PROMIS, n° 2. Demi-gros. AR. 2 grammes (34 grains). — 3 exemplaires : 1 A. M., 2 P. C. Prix d'achat : 15 fr. et 10 fr.

53　　2. A gothique surmonté d'une molette d'éperon à cinq pointes ; ✠ M' ❀ COMES ❀, entre deux grenetis.

*R/* Ecu de Savoie ; ✠ SABAVDIE, entre deux grenetis.

PROMIS, n° 3. Denier viennois noir frappé à Suse. AR. 1 gramme 03 (19 grains). Prix d'achat : 10 fr. — 3 exemplaires : 1 A. M., 2 P. C.

# AMÉDÉE VIII, COMTE (1391-1416).

54   1. FERT, dans un double contour formé de quatre demi-cercles aboutés, points aux quatre angles de jonction; ✜ AMED ∘ COM ✿ SABAVDIE, entre deux grenetis.

*R*/ Croix alaisée; ✜ INITALIA ✿ MARCHIO, entre deux grenetis.

PROMIS, pl. V, n° 2. Quart de gros frappé par Jean Bonnacorso-Borgo et non par Martinet Mercier, dont le différent était une marguerite seule, comme dans les numéros 57 et 86. AR. 1 gramme 54 (29 grains). — 1 exemplaire : P. C.

55   2. FERT, dans un double contour formé de quatre demi-cercles aboutés, points aux quatre angles de jonction; ✜ AMED ⁞ COM ⁞ SABAVDIE ⁎, entre deux grenetis.

*R*/ Croix alaisée; ✜ ⁎ INITALIA ⁞ MARCHIO, entre deux grenetis.

PERRIN, *Monnayage en Savoie,* page 148. Quart de gros. AR. 1 gramme 06 (20 grains). — 1 exemplaire A. M., variété de PROMIS, pl. V, n° 2; des points remplacent les marguerites, et des légendes l'une se termine et l'autre commence par des molettes d'éperons.

9

56    3. FERT gothique, dans un double contour formé de quatre demi-cercles aboutés, points aux quatre angles de jonction; ✠ AMED ⁝ COM ⁝ SABAVDIE, entre deux grenetis.

*R/* Croix alaisée; ✠ INITALIA MARCHIO, entre deux grenetis.

PERRIN, *Monnayage en Savoie,* page 149. Quart de gros frappé à Avigliana par Jean de Rezetto. AR. 1 gramme 27 (14 grains). — 2 exemplaires : P. C., variété de PROMIS, pl. V, n° 2. Aucun signe ne sépare les mots du revers.

Ce monnayeur frappa à Chambéry et à Nyon, de 1405 à 1407; peut-être pourrait-on lui attribuer, comme frappées dans ces deux localités, les pièces sur lesquelles un seul point ouvert remplace les deux points qui séparent les mots des légendes des pièces qu'il a fabriquées à Avigliana.

57    4. FERT, avec point secret au milieu, dans un double contour formé de quatre demi-cercles aboutés, avec points aux deux jonctions supérieures; ✠ AM ⁝ CO ⁝ SABAVDIE, entre deux grenetis.

*R/* Croix alaisée; ✠ INITALIA ⁝ MARCHIO ✿.

RABUT F., *4ᵉ Notice.* Quart de gros frappé à Turin par Martinet Mercier. AR. 1 gramme 38 (26 grains). — 1 exemplaire : P. C.; diffère du précédent par la forme des lettres, surtout des A symétriques, l'absence d'M après CO, la disposition des points et la marguerite qui termine la légende du revers.

58    5. FERT, dans un double contour formé de quatre demi-cercles aboutés, ayant un point aux quatre angles de jonction, l'un pénétrant le T, ✠ AMED ⁝ CO ⁝ SABAVDIE ⁝, entre deux grenetis.

*R/* Croix alaisée; ✠ INITALIA ⁝ MARCHIO ✢, entre deux grenetis.

Perrin, *Monnayage en Savoie,* page 148. Quart de gros frappé à Chambéry par Thomas de Folonia. AR. 1 gramme 38 (26 grains). — 1 exemplaire : A. M., variété du précédent. Les A sont symétriques; la légende du revers se termine par un trèfle, marque de ce monnayeur.

59 6. Ecu de Savoie, penché, timbré du heaume, surmonté du cimier de Savoie adextré, coupant le haut de la légende, dans un contour formé par six lacs séparés par deux feuilles; AMEDEVS ⁝ DEI ⁝ GRACIA ⁝ COMES, entre deux grenetis.

*R/* Croix de S. Maurice, accompagnée de quatre marguerites à six feuilles, dans un double contour formé de quatre demi-cercles et quatre angles alternativement aboutés, accompagnés de huit points ouverts; ✠ SABAVDIE ⁝ INITALIA ⁝ MARCHIO, entre deux grenetis.

Promis, nº 3. Demi-gros tournoi frappé à Avigliana par Jean de Rezetto, ordonnance du 23 janvier 1392. AR. 2 gr. 23 centigr. (demi-gros et 3 grains). — 1 exemplaire : P. C.

60 7. Ecu de Savoie, penché, timbré du heaume, surmonté du cimier de Savoie adextré, coupant le haut de la légende, dans un contour formé par six

lacs séparés par deux feuilles ; AMEDEVS ⁸ DEI GRATIA ⁸ COMES, entre deux grenetis.

*R/* Semblable au précédent.

PERRIN, *Monnayage en Savoie,* page 149. Demi-gros tournoi, variété de coin du précédent, dont il ne diffère que par l'absence de points après DEI ; son poids est inférieur. AR. 1 gr. 96 centigr. (39 grains). — 3 exemplaires : 1 A. M., 2 P. C.

61  8. Ecu de Savoie, penché, timbré du heaume, surmonté du cimier de Savoie adextré, coupant le haut de la légende, dans un contour formé par six lacs séparés par deux feuilles ; AMEDEVS ° DEI GRACIA ° COMES, entre deux grenetis.

*R/* Croix de S. Maurice, accompagnée de quatre marguerites à six feuilles, dans un double contour formé de quatre demi-cercles et quatre angles alternativement aboutés, accompagnés de huit points ouverts ; ✠ SABAVDIE ° INITALIA ° MARCHIO, entre deux grenetis.

PERRIN, *Monnayage en Savoie,* page 149. Demi-gros tournoi. Variété de coin du n° 7 ; un seul point sépare les mots des légendes. AR. 1 gramme 08 (32 grains). — 1 exemplaire : P. C.

62  9. Ecu de Savoie, penché, timbré du heaume, chargé de trois croisettes, surmonté du cimier de Savoie adextré, coupant le haut de la légende, dans un contour formé par six lacs séparés par deux feuilles ; AMEDEVS ⁸ DEI ⁸ GRACIA ⁸ COMES, entre deux grenetis.

*R/* Croix de S. Maurice, accompagnée de quatre marguerites à six feuilles, dans un double contour

formé de quatre demi-cercles et quatre angles alternativement aboutés, accompagnés de huit points
ouverts; ✠ SABAVDIE ⦂ INITALIA ⦂ MARCHIO,
entre deux grenetis.

PERRIN, *Monnayage en Savoie,* page 149. Demi-gros tournoi
frappé à Avigliana par Jean de Rezetto. AR. 2 grammes 01
(demi-gros et 1 grain). — 1 exemplaire : A. M. Variété du
n° 6, dont il diffère, ainsi que des précédents, par les trois
croisettes qui chargent le heaume.

**33**     10. FERT, avec point secret au milieu, entre quatre
bandes parallèles; ✠ COMES ∘ SABAVDIE, entre
deux grenetis.

*R/* Croix formée de quatre lacs entrelacés; ✠
INITALIA ∘ MARCHIO, entre deux grenetis.

PROMIS, pl. V, n° 4. Quart frappé en Savoie par Jean de
Rezetto, ordonnance du 23 juin 1405. Billon. 1 gramme 48
(29 grains). — 3 exemplaires : 1 A. M., 2 P. C.

**34**     11. FERT, entre quatre bandes parallèles; ✠
COMES ⦂ SABAVDIE ⦂, entre deux grenetis.

*R/* Croix formée de quatre lacs entrelacés; ✠
INITALIA ⦂ MARCHIO, entre deux grenetis.

PERRIN, *Monnayage en Savoie,* page 149. Quart, variété du
précédent, frappé à Avigliana par le même monnayeur. Billon.
1 gramme 38 (27 grains). — 1 exemplaire : P. C. Diffère par
deux points placés entre les mots des légendes et à la fin de
la légende de la fasce.

65    12. FERT, avec point secret au milieu, entre quatre bandes parallèles; ✠ COMES * SABAVDIE.

*R/* Quatre lacs entrelacés, formant une croix; ✠ INITALIA * MARCHIO.

PERRIN, *Monnayage en Savoie*, page 149. Quart, variété des précédents, frappé à Chambéry par Jean de Masio, d'Asti. Billon. 1 gramme 38 (27 grains). — 1 exemplaire : P. C.; des étoiles à 6 rais remplacent les points entre les mots des légendes.

66    13. Heaume surmonté du cimier de Savoie, coupant le haut de la légende; AMED' ⦂ CO ⦂ SABAVDIE, entre deux grenetis.

*R/* Ecu de Savoie, en forme de losange, entouré d'un double filet, cantonné de quatre points ouverts; ✠ INITALIA ⦂ MARCHIO, entre deux grenetis.

PROMIS, pl. V, n° 5. Quart de gros frappé à Avigliana par Jean de Rezetto. AR. 1 gr. 16 (22 grains). — 1 exempl. : P. C.

67    14. FERT gothique, ✠ AMEDEVS ⦂ COMES, entre deux grenetis.

*R/* Croix alaisée; ✠ DE ⦂ SABAVDIE, entre deux grenetis.

Perrin, *Monnayage en Savoie,* page 149. Variété de Promis, pl. IV, n° 6. Viennois noir frappé à Avigliana par Jean de Rezetto. Billon. 63 centigr. (12 grains). — 1 exemplaire : P. C. Diffère par les points ouverts qui séparent les mots des légendes.

68 15. FERT gothique, ✠ AMEDEVS × COMES, entre deux grenetis.

*R/* Croix alaisée; ✠ DE : SABAVDIE (signe effacé), entre deux grenetis.

Perrin, *Monnayage en Savoie*, page 149. Viennois noir frappé à Chambéry. 74 centigrammes (15 grains). — 2 exemplaires : 1 A. M., 1 P. C.; variété du précédent; diffère par le signe monétaire, qui est celui de Mathieu Bonnacorso-Borgo, et les points ouverts.

69 16. FERT gothique, ✠ AMEDEVS : COMES, entre deux grenetis.

*R/* Croix alaisée; ✠ DE × SABAVDIE, entre deux grenetis.

Perrin, *Monnayage en Savoie,* page 149. Viennois noir. 75 centigrammes (15 grains). — 1 exemplaire : P. C. Coin différent du même monnayeur, dont le signe monétaire est placé au revers.

70 17. Ecu de Savoie, dans un double contour à quatre lobes; ✠ A'MEDEVS × COMES, entre deux grenetis.

*R/* Croix alaisée, cantonnée de quatre croisettes; ✠ DE : SABAVDIE, entre deux grenetis.

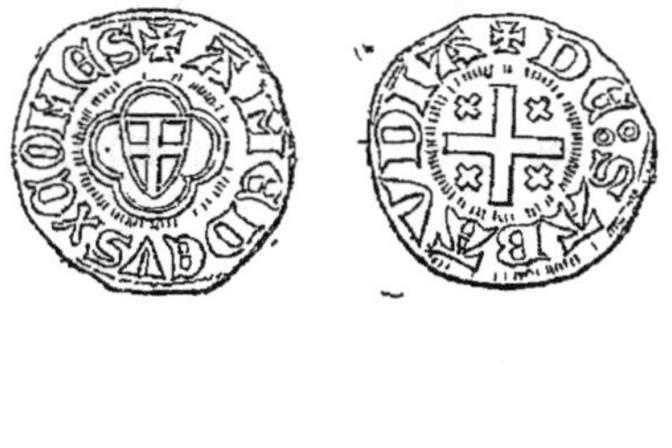

Perrin, *Monnayage en Savoie,* page 150. Obole frappée à Chambéry comme les pièces précédentes. Billon. 47 centigr. (9 grains). — 1 exemplaire : P. C.; diffère de Promis, pl. IV, n° 7, par le signe monétaire de Bonnacorso-Borgo, peut-être mal dessiné dans la planche, et par l'E au lieu de l'A qui termine le mot SABAVDIE.

**71** 18. Ecu de Savoie, dans un double contour de quatre lobes; ✴ AMEDEVS. c COMES, entre deux grenetis.

*R/* Croix alaisée, cantonnée de quatre croisettes; DE ⁝ SABAVDIA, entre deux grenetis.

Blavignac. Obole frappée à Nyon par Picot d'Avigliano. Billon. 69 centigrammes (13 grains). — 2 exemplaires : P. C.

Cette pièce et celles sous n⁰ˢ 19, 21, 22 viennent confirmer ce qu'avait établi M. Rabut dans sa *1ʳᵉ Notice* : que ce maître avait travaillé à Nyon antérieurement à 1416.

**72** 19. Ecu de Savoie, dans un contour de quatre lobes; AMEDEVS c COMES, entre deux grenetis.

*R/* Croix alaisée, cantonnée de quatre croisettes; DE ⁝ SABAVDIE, entre deux grenetis.

Perrin, *Monnayage en Savoie,* page 150. Demi-obole frappée à Nyon par Picot d'Avigliano. Billon. 42 centigrammes (8 grains). — 1 exemplaire : P. C.

**73** 20. S. Maurice, nimbé, tenant son étendard à sa droite, la gauche sur son épée, coupant en deux la légende, dans un contour formé de chaque côté de quatre demi-cercles tréflés, SANCTVS ⁝ MAV-RICIV, entre deux grenetis.

*R/* Ecu de Savoie penché, timbré d'un heaume

surmonté du cimier de Savoie, coupant la légende, dans un contour formé de demi-cercles tréflés; ✝ AMED ⁑ CO ⁑ SAB ⁑ CH ⁑ AVG ⁑ DVX ✕.

Variété de Promis, pl. VI, n° 9. Demi-gros frappé à Chambéry par Mathieu Bonnacorso-Borgo. AR. 2 grammes 01 (demi-gros). — 1 exemplaire : P. C. Les deux pièces en sautoir (cuillers?) remplacent les croisettes de la fin de la légende du revers, différent de Jean Raffan, maître de la monnaie de Bourg, en 1395.

74 21. S. Maurice, nimbé, tenant son étendard à sa droite, la gauche sur son épée, coupant en deux la légende, dans un contour formé de chaque côté de quatre demi-cercles tréflés; SANCTVS | MAVRICIV ɔ, entre deux grenetis.

*R/* Ecu de Savoie penché, timbré d'un heaume, chargé de deux croisettes, surmonté du cimier de Savoie, coupant la légende, dans un contour formé de demi-cercles tréflés; ❋ AMED ⁑ COSAB ⁑ CHAUG ⁑ DVX. ɔ ⁑, entre deux grenetis.

Perrin, *Monnayage en Savoie,* page 150. Demi-gros frappé à Nyon par Picot d'Avigliano. AR. 2 grammes 22 (demi-gros et 4 grains). — 1 exemplaire : P. C.; diffère au droit par l'absence de signes entre les mots de la légende, que deux points séparent au revers; toutes deux sont terminées par un croissant.

75   22. Grand A gothique; ✠ MEDEVS ꞓ COMES, entre deux grenetis.

*R/* Croix formée de quatre lacs entrelacés; ✠ DE ꞓ SABAVDIE, entre deux grenetis.

Perrin, *Monnayage en Savoie*, page 150. Fort frappé à Nyon par Picot d'Avigliano. Billon. 74 centigr. (14 grains). — 1 exemplaire : A. M., variété de Promis, pl. VI, n° 10; diffère par les croissants qui séparent les mots des légendes et l'absence de rosette et de points au commencement et à la fin de la légende du revers.

76   23. A gothique irrégulier; ✠ MEDEVS ꞓ COMES, entre deux grenetis.

*R/* Ecu de Savoie; ✠ DE ✕ SABAVDIE, entre deux grenetis.

Promis, pl. VI, n° 11. Fort frappé à Chambéry par Mathieu Bonnacorso-Borgo. Billon. 9 décigr. (17 grains). — 1 exemplaire échangé avec le docteur Alexandre Misson, de Vienne (Autriche); la légende du revers n'offre pas de vide comme celle de l'exemplaire de Promis, dont le signe monétaire n'est pas bien nettement indiqué.

77   24. Ecu de Savoie; ✠ AMEDEVS (un signe monétaire effacé) COMES, entre deux grenetis.

*R/* A gothique irrégulier ; ✠ DE ✗ SABAVDIE, entre deux grenetis.

Perrin, *Monnayage en Savoie,* page 150. Fort frappé à Chambéry par Mathieu Bonnacorso-Borgo. Billon. 79 grammes (15 grains). — 1 exemplaire : P. C. Diffère de Promis, pl. VI, n° 11, par l'inversion des figures dans les champs de la pièce, les M gothiques et la place du signe monétaire.

**78**   25. FERT, séparé par un lacs d'amour posé perpendiculairement ; ✠ AMED ⦂ COMES ⦂ SABAVDIE, entre deux grenetis.

*R/* Croix tréflée de S. Maurice ; ✠ INITALIA ✗ MARCHIO, entre deux grenetis.

Rabut F., *1re Notice,* pl. I, n° 5. Quart de gros frappé à Chambéry par Mathieu Bonnacorso-Borgo. AR. 1 gramme 27 (24 grains). — 1 exemplaire : A. M. Curieuse particularité de l'inversion des M.

**79**   26. FERT, séparé par un lacs d'amour posé perpendiculairement ; ✠ AMED ⦂ COM ⦂ SABAVDIE, entre deux grenetis.

*R/* Croix tréflée de S. Maurice ; ✠ INITALIA ✗ MARCHIO.

Perrin, *Monnayage en Savoie,* page 151. Quart de gros. AR. 1 gramme 48 (28 grains). — 1 exemplaire : P. C. Frappé à Chambéry par le même monnayeur, il est d'un titre supérieur, les M ne sont pas inversées.

**80**   27. A gothique accompagné de quatre annelets ; ✠ MEDEVS ⦂ COMES, entre deux grenetis.

*R/* Ecu de Savoie, accompagné de trois annelets ; ✠ DE ⦂ SABAVDIE, entre deux grenetis.

Rabut F., *4e Notice,* pl. I, n° 1. Obole. AR. 84 centigr.

(18 grains). — 1 exemplaire : A. M., probablement frappé à
Avigliana par Jean de Rezetto, comme le suivant.

81    28. A gothique; ✣ MED (signe monétaire effacé)
COMES ⁚, entre deux grenetis.

*R/* Ecu de Savoie; ✣ SABAVDIE, entre deux
grenetis.

> Rabut F., *4ᵉ Notice,* pl. I, n° 2. Obole viennoise ou demi-
> viennois. 42 centigr. (8 grains). — 2 exemplaires : 1 A. M.,
> 1 P. C. Ce dernier, mieux conservé, nous a permis de com-
> pléter les légendes.

82    29. Ecu de Savoie en losange; ✣ AMEDEVS ⁚
CO, entre deux grenetis.

*R/* Croix pattée; ✣ SABAVDIE ✕, entre deux
grenetis.

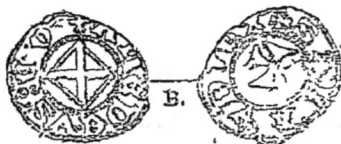

> Perrin, *Monnayage en Savoie,* page 128. Obole frappée à
> Chambéry par Mathieu Bonnacorso-Borgo. 69 centigrammes
> (8 grains). — 2 exemplaires : 1 A. M., 1 P. C.

83    30. Croix alaisée, peut-être cantonnée de molettes
d'éperons; ✣ AMEDEVS (signe effacé), entre deux
grenetis.

*R/* A gothique; ✣ COMES ⁚, entre deux grenetis.

Perrin, *Monnayage en Savoie,* page 128. Obole viennoise frappée à Avigliana par Jean de Rezetto. Billon. 69 centigr. (13 grains). — 1 exemplaire : P. C.

---

# AMÉDÉE VIII, DUC (1416-1439)

84  1. Ecu de Savoie, dans un double contour à quatre lobes, accompagné de quatre croisettes; ✠ AME-DEVS ፡ CO ፡ SABAVD' ፡ DVX.

*R/* Croix alaisée, dans un double contour à quatre lobes fleuronnés à l'intérieur; ✠ CHAB' ፡ IN ፡ ITAL ✕ MAR ፡ PRI.

Rabut F., *3ᵉ Notice,* pl. I, n° 3. Obole frappée à Chambéry par Bonnacorso-Borgo. Billon. 1 gr. 85 (demi-gros moins 3 grains). — 1 exemplaire : A. M. Promis avait attribué à Amédée VI l'obole ci-dessus, différant seulement par le signe monétaire. M. Rabut l'a restituée à Amédée VIII. Cette pièce nous prouve que Mathieu Bonnacorso frappa en Savoie postérieurement à 1416 et dans l'intervalle de 1407 à 1418, époque pour laquelle l'on n'a pas retrouvé les ordonnances de frappe.

85  2. Ecu de Savoie, penché, timbré du heaume, surmonté du cimier de Savoie coupant la légende,

accosté de deux lacs ; ◦ AMEDEVS \* DVX ⁞ SAB',
entre deux grenetis.

*R/* Croix de S. Maurice cantonnée de quatre
marguerites ; ✠ INITALIA ⁞ MARCHIO, entre deux
grenetis.

Promis, pl. VI, n° 15. Demi-gros frappé à Chambéry par
Jean de Masio, d'Asti. AR. 1 gramme 59 (30 grains). — 1
exemplaire : P. C. Prix d'achat : 12 francs.

86    3. FERT, coupé par un lacs perpendiculaire ;
✠ AMEDEVS ✾ ◦ DVX ⁞ SAB', entre deux grenetis.

*R/* Croix de S. Maurice ; ✠ IN ⁞ ITALIA ⁞ MAR-
CHIO, entre deux grenetis.

Promis, n° 16. Quart de gros frappé à Turin par Martinet
Mercier. Billon. 1 gramme 56 (27 grains). — 2 exemplaires :
1 A. M., 1 P. C. Le signe monétaire, une fleur à 6 pétales,
manque sur l'exemplaire reproduit par Promis.

87    4. FERT, coupé par un lacs perpendiculaire ;
✠ AMEDEVS c DVX ⁞ SAB, entre deux grenetis.

*R/* Croix de S. Maurice; ✠ INITALIA ⁙ MAR-
CHIO, entre deux grenetis.

Perrin, *Monnayage en Savoie*, page 130. Quart de gros
frappé à Nyon par Picot d'Avigliano. Billon. 1 gramme 11 (23
grains). — 2 exemplaires : A. M.; diffère du précédent par le
signe monétaire et par l'absence de points après IN, au revers.

88    5. FERT, entre quatre traits parallèles; ✠ AME-
DEVS ✛ DVX ⁙ SAB', entre deux grenetis.

*R/* Ecu de Savoie losangé, entouré d'un double
filet; ✠ INITALIA ⁙ MARCHIO, entre deux grenetis.

Rabut F., *2e Notice*, page 53. Quart de gros frappé à Chambéry par Thomas de Folonia. Billon. 1 gramme 16 (20 grains).
— 2 exemplaires : 1 A. M., 1 P. C.; diffère de Promis, pl. VI,
n° 17, par la fleur de lis qui remplace la couronne, marque de
Manfred Besson.

89    6. FERT, entre quatre traits parallèles; ✠ AME-
DEVS ♀ DVX ⁙ SAB', entre deux grenetis.

*R/* Ecu de Savoie en losange, doubles filets;
✠ INITALIA ⁙ MARCHIO, entre deux grenetis.

Variété du précédent, le différent est un bouquet. Billon.
1 gramme 27 (24 grains). — 2 exemplaires : 1 A. M., 1 P. C.

90    7. FERT, entre quatre traits parallèles; ✠ AME-
DEVS * DVX ⁙ SAB', entre deux grenetis.

*R/* Ecu de Savoie en losange, doubles filets; ※ INITALIA : MARCHIO, entre deux grenetis.

Rabut F., *4e Notice,* p. 109. Quart de gros frappé à Chambéry par Jean de Masio, d'Asti. Billon. 1 gramme 16 (24 grains). — 3 exemplaires : 1 A. M., 2 P. C.; diffère par une étoile à six rais, marque de Jean de Masio, d'Asti.

91 8. FERT, entre quatre traits parallèles; ※ AMEDEVS : DVX : SAB' ❀, entre deux grenetis.

*R/* Ecu de Savoie en losange, doubles filets; ※ INITALIA : MAR : PRN :, entre deux grenetis.

Perrin, *Monnayage en Savoie,* page 130. Quart de gros. Billon. 1 gramme 16 (23 grains). — 1 exemplaire : A. M. Diffère du précédent par le signe monétaire de Martinet Mercier et par la légende du revers.

92 9. FERT, avec point secret au milieu, entre quatre traits parallèles; ※ AMEDEVS * DVX : SAB', entre deux grenetis.

*R/* Ecu de Savoie en losange, doubles filets; ※ INITALIA : MAR : PRN ∘, entre deux grenetis.

Perrin, *Monnayage en Savoie,* page 135. Quart de gros frappé par Jean de Masio, d'Asti. Billon. 1 gramme 22 (23 grains). — 3 exemplaires : 2 A. M., 1 P. C.

93 10. FERT, entre quatre traits parallèles; ※ AMEDEVS : DVX : SAB', entre deux grenetis.

*R/* Ecu de Savoie en losange, dans un double filet; ※ IN ITALIA : MAR' PRIN ❀, entre deux grenetis.

Variété inédite. Quart de gros frappé à Ivrée par Bertino

Busca, de Milan, qui contre-marquait d'une fleur de myosotis
(ne m'oubliez mie), ou par Jean des Bienvenu, de Florence,
dont le différent était une rose. Billon. 1 gramme 53 (26
grains). — 2 exemplaires P. C.

94    11. FERT, entre quatre traits parallèles; ✠ AME-
DEVS * DVX ⁝ SAB' ⁝, entre deux grenetis.

*R/* Ecu de Savoie en losange; ✠ INITALIA ⁝
MAR ⁝ PRIN °, entre deux grenetis.

Variété inédite. Quart de gros frappé à Chambéry par Jean
de Masio, d'Asti. Billon. 1 gramme 36 (24 grains). — 8 exemplaires : 4 A.M., 4 P. C. Diffère, comme les deux précédents,
du n° 7 par la légende du revers.

95    12. A gothique, fleuronné, accompagné de quatre
annelets; ✠ AMEDEVS ⁝ DVX, entre deux grenetis.

*R/* Ecu de Savoie, accompagné de trois annelets;
✠ SABAV (signe effacé) ° DIE °, entre deux grenetis.

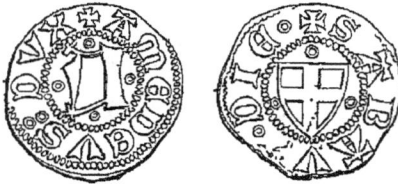

PROMIS, n° 18. Fort attribué à l'atelier de Turin, où il aurait
été frappé par Martinet Mercier. Billon. 84 centigrammes (16
grains). — 1 exemplaire P. C. La partie de signe monétaire
qui reste sur cette pièce n'indique pas une marguerite, marque
de ce monnayeur, mais plutôt l'étoile à 6 rais de Jean de Masio.

96    13. A gothique, fleuronné, accompagné de quatre
annelets; ✠ AMEDEVS ⁝ DVX, entre deux grenetis.

*R/* Ecu de Savoie, accompagné de trois annelets;
✠ SABAVDIE ❀ °, entre deux grenetis.

Perrin, *Monnayage en Savoie,* page 131. Fort frappé à Ivrée. Billon. 84 centigr. (16 grains). — 2 exemplaires P. C. Diffère par le signe monétaire et par la place qu'il occupe.

97    14. A gothique, fleuronné, accompagné de quatre annelets; ✠ AMEDEVS ꞉ DVX, entre deux grenetis.

*R/* Ecu de Savoie, accompagné de trois annelets; ✠ SABAVDIE * °, entre deux grenetis.

Perrin, *Monnayage en Savoie,* page 130. Fort frappé à Chambéry par Jean de Masio, d'Asti. Billon. 95 centigr. (18 grains). — 1 exemplaire A. M.

98    15. A gothique, fleuronné, accompagné de quatre annelets; ✠ AMEDEVS ✝ DVX, entre deux grenetis.

*R/* Ecu de Savoie; ✠ SABAVDIE, entre deux grenetis.

Perrin, *Monnayage en Savoie,* page 131. Fort frappé à Chambéry par Manfred Besson, d'Yenne. Billon. 95 centigr. (18 grains). — 4 exemplaires : 1 A. M., 3 P. C.

99    16. A gothique; ✠ MEDEVS ˣ DVX, entre deux grenetis, point secret sous le premier E.

*R/* Ecu de Savoie accompagné de 3 annelets; ✠ SABAVDIE ✠ CO, entre deux grenetis.

Fort frappé à Cornavin par François Garin. Billon. 60 centigrammes (10 grains); le mauvais état de conservation de cette pièce explique l'infériorité de son poids. — 1 exemplaire P. C.

100    17. A gothique; ✠ MEDEVS (signe effacé) DVX (signe effacé), entre deux grenetis.

*R/* Ecu de Savoie accompagné de quatre annelets; ✠ SABAVDIE ˟ ET, entre deux grenetis.

Fort frappé à Nyon par Bertino Busca. Billon. 1 gramme (18 grains). — 1 exemplaire P. C.

**101** 18. A gothique fleuronné, accompagné de quatre annelets ; ✠ MEDEVS ✳ DVX, entre grenetis.

*R/* Ecu de Savoie ; ✠ SABAVDIE, entre grenetis.

Promis, table complémentaire, pl. III, n° 4. Denier viennois frappé à Chambéry par Jean de Masio, d'Asti, attribué par Promis à Martinet Mercier. Billon. 58 centigr. (10 grains). — 2 exemplaires : 1 A. M., 1 P. C.

**102** 19. A-gothique fleuronné ; ✠ MEDEVS ✳ DVX, entre deux grenetis.

*R/* Ecu de Savoie ; ✠ SABAVDIE, entre deux grenetis.

Rabut F., *4e Notice,* n° 3. Denier viennois frappé à Chambéry par Jean de Masio, d'Asti. Billon. 84 centigrammes (16 grains). — 1 exemplaire A. M.

**103** 20. A gothique fleuronné ; ✠ MEDEVS ✿ DVX, entre deux grenetis.

*R/* Ecu de Savoie ; ✠ SABAVDIE, entre deux grenetis.

Denier viennois, variété du précédent dont il diffère par la marque du monnayeur (un bouquet). Billon. 82 centigrammes (15 grains). — 1 exemplaire P. C.

**104** 21. Ecu de Savoie ; ✠ AMEDEVS c DVX, entre deux grenetis.

*R/* Croix pattée ; ✠ SABAVDIE, entre deux grenetis.

Perrin, *Monnayage en Savoie,* page 135. Denier viennois frappé à Nyon par Picot d'Avigliano. Billon. 95 centigrammes

(18 grains). — 2 exemplaires : 1 A. M., 1 P. C. J'avais attribué ce viennois à Amédée IX, mais le différent du monnayeur me le fait restituer à Amédée VIII.

105    22. Ecu de Savoie, dans un double contour composé de quatre lobes; ✠ AMEDEVS c DVX, entre deux grenetis.

*R/* Croix alaisée, cantonnée de quatre croisettes; ✠ SABAVDIE ˣ ET ˣ P', entre deux grenetis.

Perrin, *Monnayage en Savoie,* page 131. Obole blanchet frappée à Nyon par Jacques Picoz. Billon. 47 centigrammes (9 grains). — 1 exemplaire P. C. Diffère de celui publié par Promis par la légende du revers, plus complète.

106    23. Ecu de Savoie entouré de quatre doubles lobes; ✠ AMEDEVS (fleur à quatre pétales trilobés, que nous représentons par le signe ✠), DVX, entre deux grenetis.

*R/* Croix alaisée, cantonnée de quatre croisettes; ✠ SABAVDIE ˣ ET ˣ P', entre deux grenetis.

Perrin, *Monnayage en Savoie,* page 131. Obole blanchet frappée à Cornavin par François Garin. Billon. 47 centigr. (9 grains). — 1 exemplaire P. C.

107    24. Ecu de Savoie, entouré de quatre doubles lobes et cantonné de quatre croisettes; ✠ AMEDEVS c ∘ DVX ᣟ SABAVDIE, entre deux grenetis.

*R/* Croix alaisée dans un contour de quatre lobes réunis par des fleurons et cantonnés de quatre croisettes; ✠ CHAB' : IN : ITAL' : MAR : PRI, entre deux grenetis.

Rabut F., *3e Notice,* pl. I, n° 4. Denier gros frappé à Nyon, en 1420, par Jacques Picoz. AR. allié. 2 grammes 06 (demi-gros et 2 grains). — 3 exemplaires P. C.

108 25. Ecu de Savoie, entouré de quatre lobes et cantonné de quatre croisettes; ✠ AMEDEVS ✢ DVX : SABAVDIE, entre deux grenetis.

*R/* Croix alaisée dans un contour de quatre lobes réunis par des fleurons et cantonnés de quatre croisettes; ✠ CHAB' : IN : ITAL' : MAR : PRI, entre deux grenetis.

Variété du précédent, frappé à Chambéry par Thomas de Folonia. Denier gros. AR. allié. 2 grammes 06 (demi-gros et 3 grains). — 2 exemplaires A. M.

109 26. Ecu de Savoie, entouré de quatre lobes et cantonné de quatre croisettes; ✠ AMEDEVS * ◦ DVX : SABAVDIE, entre deux grenetis.

*R/* Croix alaisée dans un contour de quatre lobes réunis par des fleurons, et cantonnée de quatre croisettes; ✠ CHAB' : IN : ITAL' : MAR : PRI, entre deux grenetis.

Variété des précédents. Denier gros frappé à Chambéry par Jean de Masio, d'Asti, en 1421. AR. allié. 1 gramme 96 (demi-gros). — 2 exemplaires P. C.

110 27. Ecu de Savoie, entouré de quatre lobes et cantonné de quatre croisettes; ✠ AMEDEVS ❦ DVX : SABAVDIE, entre deux grenetis.

*R/* Croix alaisée dans un contour de quatre lobes réunis par des fleurons et cantonné de quatre croisettes; ✠ CHAB' ⦂ IN ⦂ ITAL' ⦂ MAR' ⦂ PRI, entre deux grenetis.

Variété dont le différent est un bouquet; l'attribution n'en a pas encore été faite. Denier gros. AR. allié. 2 grammes 06 (demi-gros et 2 grains). — 2 exemplaires A. M.

# LOUIS (1439-1465).

111   1. Le duc, sur un cheval au galop, armé de toutes pièces et levant l'épée; la légende est coupée en quatre points; LVDOVICVS ⁑ D | VX ✿ SABA | V | DIE', entre un filet et un grenetis.

*R/* Ecu de Savoie timbré d'un heaume surmonté du cimier de Savoie, séparant en deux le mot FE | RT, dans un double contour formé de quatre lobes coupant la légende et de quatre angles alternativement aboutés; MARCH | IO ⁑ IN ⁑ | ITALIA | PRINC', entre un filet et un grenetis; quelques lettres empiètent sur les traits.

Promis, pl. VII, n° 1. Ecu d'or frappé à Cornavin. 3 grammes 60 (demi-gros et 29 grains). — 1 exemplaire P. C.

112    2. Ecu de Savoie penché, timbré d'un heaume surmonté du cimier de Savoie coupant en deux la légende; × LVDOVIC' ⚭ | × D' ⚹ SABAV', entre deux grenetis perlés..

*R/* Croix de S. Maurice, dans un double contour formé de quatre lobes tréflés aux points de jonction; ❋ PRINCEPS ⚹ IMPER' ⚹ ETE', entre deux grenetis perlés.

Variété PROMIS, pl. VII, n° 2. Demi-gros. AR. 1 gramme 48 (29 grains). — 2 exemplaires P. C. Diffère par un lacs, signe monétaire d'Etienne Varambon, qui battit à Cornavin, les croisettes du droit et les abréviations des légendes.

113    3. Ecu de Savoie penché, timbré d'un heaume surmonté du cimier de Savoie (ailes déployées) coupant en deux la légende de face; ❋ | × LVDOVIC × D ⚹ SABAV', entre deux grenetis.

*R/* Croix de S. Maurice dans un double contour formé de quatre lobes tréflés aux points de jonction; ❋ PRINCEPS ⚹ IMPERI ⚹ ETER, entre deux grenetis.

PERRIN, *Monnayage en Savoie,* page 131. Variété de demi-gros. AR. 1 gr. 48 centigr. (25 grains). — 1 exemplaire P. C. A pour signe monétaire la double croisette attribuée à l'atelier de Cornavin par M. Rabut F.; ce différent paraît être celui de Barthélemi de Châteauneuf, qui y battit de 1453 à 1457 ; la légende du revers est plus complète.

114    4. Ecu de Savoie penché, timbré d'un heaume surmonté du cimier de Savoie (ailes déployées) coupant en deux la légende de face ; ❖ | ⨯ LVDOVIC' D ⁑ SABAV', entre deux grenetis.

*R/* Croix de S. Maurice dans un double contour formé de quatre lobes tréflés aux points de jonction ; ❋ PRINCEPS * IMPE ⁑ ETE, entre deux grenetis.

PERRIN, *Monnayage en Savoie,* page 131. Variété de demi-gros. AR. 1 gramme 42 ( 25 grains). — 1 exemplaire P. C. La légende du revers est moins complète que la précédente, et le mot PRINCEPS est suivi d'une étoile à six rais.

115    5. Ecu de Savoie penché, timbré d'un heaume surmonté du cimier de Savoie (ailes déployées et très-développées), coupant en deux la légende ; LVDO-VIC' | ⁑ D' ⁑ SABAV ❖, entre deux grenetis.

*R/* Croix de S. Maurice dans un double contour formé de quatre demi-cercles aboutés avec trèfles aux points de jonction ; ❋ PRINCEPS ⁑ IMPERII ⁑ ETER', entre deux grenetis.

PERRIN, *Monnayage en Savoie,* page 131. Variété de demi-gros, frappée à Cornavin. AR. 1 gramme 42 ( 25 grains). — 1 exemplaire A. M. La croix est placée après SABAV ; la légende du revers est plus complète que dans les précédents.

116    6. Ecu de Savoie penché, timbré d'un heaume surmonté du cimier de Savoie (ailes déployées et très-développées), coupant en deux la légende ; LVDO-VICV' ⁑ | D' ⁑ SABAV ❖, entre deux grenetis.

*R/* Croix de S. Maurice dans un double contour formé de quatre demi-cercles aboutés avec trèfles aux points de jonction; ✠ PRINCEPS ⁂ IMPERII ⁂ ETER', entre deux grenetis.

PERRIN, *Monnayage en Savoie*, page 131. Variété de demi-gros. AR. 1 gramme 32 (24 grains). — 1 exemplaire A. M. Probablement sorti du même atelier que le précédent, mais d'un coin différent par l'V à la fin de LVDOVICV; la croix est également placée après SABAV.

117   7. Ecu de Savoie losangé, dans un double filet, cantonné d'un point secret au deuxième quartier; ✠ LVDOVIC' ⁂ D' ⁂ SABAVD', entre deux grenetis.

*R/* FERT, entre quatre traits parallèles; ✠ PRINCEPS ⁂ IMPE' ⁂ ETE', entre deux grenetis.

PROMIS, pl. VII, n° 4. Quart de gros frappé par Etienne Varambon, à Cornavin. Billon. 1 gramme 22 (23 grains). — 2 exemplaires : 1 P. C., 1 A. M.

118   8. Ecu de Savoie losangé, dans un double filet; ✠ LVDOVICVS ⁂ D' ⁂ SABAVDI'.

*R/* FERT, entre quatre traits parallèles; ✠ PRINCEPS ⁂ IMPE ⁂ ETE' entre deux grenetis.

PERRIN, *Monnayage en Savoie*, page 133. Quart frappé à Cornavin par de Châteauneuf, à légende plus complète que les suivants. Billon. 1 gramme 11 (21 grains). — 1 exemplaire P. C

119    9. Ecu de Savoie losangé, dans un double filet, cantonné d'un point secret au quatrième quartier; ✠ LVDOVICVS ⋇ D' ⋇ SABAVD' entre deux grenetis.

*R/* FERT, entre quatre traits parallèles; ✠ PRINCEPS ⋇ IMPE ⋇ ET, entre deux grenetis.

PERRIN, *Monnayage en Savoie*, page 133. Quart, variété du précédent, de l'atelier de Cornavin. Billon. 1 gramme 06 (20 grains). — 1 exemplaire P. C.

120    10. Ecu de Savoie losangé, dans un double filet, cantonné d'un point secret au quatrième quartier; ✠ LVDOVIC' ⋇ D' ⋇ SABAVD', entre deux grenetis.

*R/* FERT, entre quatre traits parallèles; ✠ PRINCEPS ⋇ IMPE' ⋇ ET ⋇, entre deux grenetis.

PERRIN, *Monnayage en Savoie,* page 132. Quart de gros, variété des précédents, de l'atelier de Cornavin. Billon. 1 gr. 22 centigr. (23 grains). — 1 exemplaire P. C. Deux croisettes sont placées à la fin de la légende du revers.

121    11. Ecu de Savoie losangé, dans un double filet, cantonné d'un point secret au troisième quartier; ✠ LVDOVIC' ⋇ D' ⋇ SABA', entre deux grenetis.

*R/* FERT, entre quatre traits parallèles; ✠ PRINCEPS ⋇ IMPERII, entre deux grenetis.

PERRIN, *Monnayage en Savoie,* page 133. Quart frappé à Cornavin, variété des précédents, à légendes moins complètes, mais avec le mot IMPERII en entier. Billon. 1 gramme 11 (22 grains). — 1 exemplaire P. C.

122    12. Ecu de Savoie losangé, dans un double filet cantonné d'un point secret au deuxième quartier;

✠ LUDOVIC' ⁙ D' ⁙ SABAVD', entre deux grenetis.

*R/* FERT, entre quatre traits parallèles; ✠ PRIN-
CEPS ⁚ IMPE' ⁙ ETE, entre deux grenetis.

Perrin, *Monnayage en Savoie,* page 132. Quart de gros,
variété du précédent; une seule croisette est placée après
PRINCEPS. Billon. 1 gramme 01 (19 grains). — 1 exemplaire
A. M.

123 13. Ecu de Savoie losangé, dans un double filet;
✠ LVDOVICV' ⁙ D' ⁙ SABAV' entre deux grenetis.

*R/* FERT, entre quatre traits parallèles; ✠ PRIN-
CEPS ⁙ IMPE' ✤ ETE', entre deux grenetis.

Perrin, *Monnayage en Savoie,* page 133. Variété de quart
de gros; une croix de S. Maurice, marque qui doit, je pense,
appartenir à l'atelier de Bourg plutôt qu'à celui de Cornavin,
à qui Blavignac l'a attribué sans en donner de motif, le dis-
tingue du précédent. Billon. 1 gramme 11 (21 grains). —
1 exemplaire A. M.

124 14. Ecu de Savoie losangé, dans un double contour; ✠ LVDOVIC' ⁙ D' ⁙ SABAVD'.

*R/* FERT, entre quatre traits parallèles; ✠ PRIN-
CEPS ✤ IMPE ⁙ ETE'.

Rabut F., *2e Notice.* Variété de quart frappé à Bourg.
Billon. 1 gramme 32 (24 grains). — 2 exemplaires : 1 A. M.,
1 P. C. Prix d'achat : 5 francs.

125 15. Ecu de Savoie losangé, dans un double filet;
✠ LVDOVIC' ⁙ D' ⁙ SABAVD', entre deux grenetis.

*R/* FERT, entre quatre traits parallèles; ✠ PRIN-
CEPS ✤ IMPE ⁙ ET, entre deux grenetis.

Perrin, *Monnayage en Savoie,* page 132. Quart de gros,

variété des précédents, dont il ne diffère que par la légende plus courte. Billon. 1 gramme 06 (20 grains). — 1 exemplaire P. C.

126    16. Ecu de Savoie losangé, dans un double filet, cantonné d'un point secret au deuxième quartier; ✠ LVDOVIC ⚹ D' ⚹ SABAVD', entre deux grenetis.

*R/* FERT, entre quatre traits parallèles; ✠ PRIN-CEPS ✠ IMPE ⚹ E, entre deux grenetis.

> Rabut F., *5e Notice*, p. 11, et Perrin, *Monnayage en Savoie*, page 132. Variété de quart de gros frappé à Cornavin par François Garin, en 1451. Le point sous le D était le différent de ce monnayeur. Billon. 1 gramme 01 (19 grains). — 2 exemplaires P. C.

127    17. Ecu de Savoie dans un losange à double filet, cantonné d'un point secret au troisième quartier; ✠ LVDOVIC' ⚹ D' ⚹ SABAV', entre deux grenetis.

*R/* FERT, entre quatre traits parallèles; ✠ PRIN-CEPS ✠ IMPE ⚹ ET, entre deux grenetis.

> Perrin, *Monnayage en Savoie*, page 132. Quart de gros, variété de coin du précédent; diffère par quelques lettres de moins dans les légendes. Billon. 1 gramme 16 (22 grains). — 2 exemplaires P. C.

128 .   18. Ecu de Savoie dans un losange à double filet, cantonné d'un point secret dans la croix; ✠ LVDO-VIC ⚹ D' ⚹ SABAV', entre deux grenetis.

*R/* FERT, entre quatre traits parallèles; PRIN-CEPS ✠ IMPE ⚹ ET, entre deux grenetis.

> Perrin, *Monnayage en Savoie,* page 133. Quart de gros du même monnayeur; le point secret est placé dans la croix. Billon. 1 gramme 16 (22 grains). — 1 exemplaire P. C.

129    19. Ecu de Savoie dans un losange à double filet, cantonné d'un point secret au troisième quartier; ✠ LVDOVIC' ⁂ D' ⁂ SABAV', entre deux grenetis.

*R/* FERT, entre quatre traits parallèles; ✠ PRIN-CEPS ✠ IMPE ⁂ E', entre deux grenetis.

RABUT F., *5ᵉ Notice*, p. 11, et PERRIN, *Monnayage en Savoie,* page 132. Quart de gros, variété de coin du même monnayeur que le précédent, dont il ne diffère que par l'absence du T à la fin de la légende du revers. Billon. 1 gramme 01 (19 grains). — 1 exemplaire P. C.

130    20. Ecu de Savoie dans un losange à double filet, cantonné d'un point secret au troisième quartier; ✠ LVDOVIC ⁂ D' ⁂ SABAV', entre deux grenetis.

*R/* FERT, entre quatre traits parallèles; PRICEP ✠ IMPE ⁂ ETE', entre deux grenetis.

PERRIN, *Monnayage en Savoie,* page 133. Variété de quart de gros frappée par François Garin, à Cornavin. Billon. 1 gr. (19 grains). — 1 exemplaire A. M.

131    21. Ecu de Savoie dans un losange à double filet, point secret au quatrième quartier; ✠ LVDOVIC ⁂ SABAV', entre deux grenetis.

*R/* FERT, entre quatre traits parallèles; PRIN-CEPS ✠ IMPE ⁂ ETE, entre deux grenetis.

PERRIN, *Monnayage en Savoie,* page 133. Quart de gros frappé à Cornavin par le même monnayeur. Billon. 95 centigr. (18 grains). — 1 exemplaire P. C.

132    22. Ecu de Savoie dans un losange à double filet; ✠ LVDOVIC' ⁂ SABAV', entre deux grenetis.

*R/* FERT, entre quatre traits parallèles; PRINCEPS ✠ IMPE', entre deux grenetis.

Rabut F., *5e Notice,* p. 11, et Perrin, *Monnayage en Savoie,* page 133. Quart du même monnayeur, à légendes plus courtes. Billon. 1 gramme 32 (23 grains). — 2 exemplaires : 1 A. M., 1 P. C.

133 23. Ecu de Savoie losangé, dans un double filet; ✠ LVDOVIC' ⁝ D' ⁝ SABA', entre deux grenetis.

*R/* FERT, entre quatre traits parallèles; ✠ PRINCEPS * IMPE' ⁝ E' entre deux grenetis.

Perrin, *Monnayage en Savoie,* page 133. Quart de gros contre-marqué d'une étoile à 6 rais. Billon. 1 gramme 06 (20 grains). 1 exemplaire P. C.

134 24. L gothique, accompagné de quatre annelets, point secret au milieu; ✠ LVDOVICVS 8 DVX, entre deux grenetis.

*R/* Ecu de Savoie, accompagné de trois annelets, point secret au centre de la croix; ✠ SABAVDIE, entre deux grenetis.

Rabut F., *2e Notice.* Fort. Billon. 1 gramme 11 (21 grains), frappé à Cornavin par Etienne Varambon. — 3 exemplaires : 1 A. M., 2 P. C.

135 25. L gothique, accompagné de quatre annelets; ✠ VDOVICVS ✤ DVX, entre deux grenetis.

*R/* Ecu de Savoie, accompagné de trois annelets; ✠ SABAVDIE, entre deux grenetis.

PERRIN, *Monnayage en Savoie,* page 134. Fort, variété de PROMIS, pl. VIII, nᵒ 5, n'a pas de points secrets; le différent est la croix de S. Maurice. Billon. 90 centigrammes (17 grains). 2 exemplaires P. C.

36    26. Ecu de Savoie, dans un double contour à trois lobes; ✠ LVDOVICVS ˟ DVX ⸶ SABAVDIE ˟ PRI', entre deux grenetis serrés.

*R/* Croix pattée, cantonnée de quatre lacs dans un double contour de quatre lobes; ✠ MARCHIO ˟ IN ˟ ITALIA ˟ PRINCEPS, entre deux grenetis serrés.

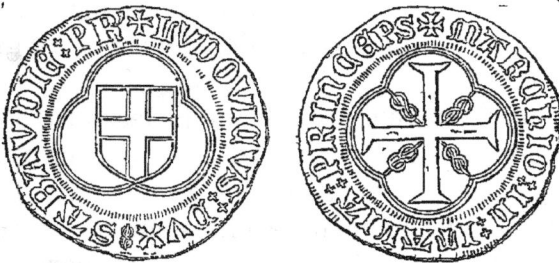

PROMIS, pl. VIII, nᵒ 6. Double blanc frappé par Etienne Varambon, dans l'atelier de Cornavin. Billon. 2 grammes 96 (demi-gros et 20 grains). — 2 exemplaires P. C. Prix d'achat : 12 fr. et 10 fr.

37    27. Ecu de Savoie, point secret au centre de la croix, dans un double contour à trois lobes; ✠ LV-DOVICVS ˟ DVX ⸶ SABAVDIE ˟ PR', entre deux grenetis serrés.

*R/* Croix pattée, cantonnée de quatre lacs, dans un double contour de quatre lobes ; ✠ MARCHIO ⁘ IN ⁘ ITALIA ⁘ PRINCEPS, entre deux grenetis serrés.

PERRIN, *Monnayage en Savoie*, page 134. Double blanc, variété du précédent ; le différent est une fleur à cinq pétales que nous croyons devoir attribuer à Jacques Philippe et à l'atelier de Cornavin. Billon. 3 grammes 02 (demi-gros et 23 grains). — 3 exemplaires : 1 A. M., 2 P. C.

**138**     28. Ecu de Savoie dans un double contour de trois lobes ; ✠ LVDOVICVS ⁘ DVX ✿ SABAVDIE ⁘ CHA', entre deux grenetis.

*R/* Croix pattée, cantonnée de quatre lacs, dans un double contour de quatre lobes ; ✠ MARCHIO ⁘ IN ⁘ ITALIA ⁘ PRINCEPS, entre deux grenetis serrés.

Double blanc frappé à Cornavin par Jacques Philippe (1457-1464). Billon. 3 grammes 10 (demi-gros et 20 grains). — 1 exemplaire.

Cette pièce nouvelle, sur laquelle les lettres CHA (Chablaisii) remplacent PR' des autres doubles blancs connus, nous a déterminé à attribuer à l'atelier de Cornavin les monnaies portant pour signe monétaire une fleur à six pétales, et au monnayeur Jacques Philippe, qui a battu dans cette localité pendant ce règne et sous celui d'Amédée IX. Ce différent se rencontre en effet sur des pièces de ces deux règnes qui se rapportent aux ordonnances de frappe pour Cornavin sous le duc Louis, et de Cornavin ou de Bourg sous le duc Amédée IX.

**139**     29. Ecu de Savoie dans un double contour de trois lobes ; ✠ LVDOVICVS ⁘ DVX ✳ SABAVDIE ⁘ PR', entre deux grenetis.

*R/* Croix pattée, cantonnée de quatre lacs, dans un double contour de quatre lobes; ❊ MARCHIO ⁚ IN ⁚ ITALIA ⁚ PRINCEPS, entre deux grenetis.

Double blanc, variété de coin des précédents, dont il diffère par une flamme ou soleil, marque de Bertino Busca, de Milan, qui frappait à Nyon en 1427. Billon. 2 grammes 30 (demi-gros et 5 grains). — 1 exemplaire. Achat : 6 fr.

140   30. Ecu de Savoie, dans un double contour de trois lobes; ❊ LVDOVICVS ⁚ DVX ċ SABAVDIE..., entre deux grenetis serrés.

*R/* Croix pattée, cantonnée de quatre lacs, dans un double contour de quatre lobes; ❊ MARCHIO ⁚ IN ⁚ ITALIA ⁚ PRINCEPS, entre deux grenetis serrés.

Perrin, *Monnayage en Savoie*, page 134. Double blanc, inférieur en poids, dont le signe monétaire est un croissant, différent de l'atelier de Nyon. Billon. 2 grammes 65 (demi-gros et 15 grains). — 1 exemplaire A. M.

141   31. Ecu de Savoie, dans un double contour de trois lobes; + LVDOVICVS ⁚ DVX ✳ SABAVDIE ⁚ PR', entre deux grenetis.

*R/* Croix pattée, cantonnée de deux lacs aux 1ᵉʳ et 4ᵉ quartiers; + MARCHIO ⁚ IN ⁚ ITALIA ⁚ PRINCEPS, entre deux grenetis.

Petit blanc sorti de l'atelier de Nyon, frappé par Bertino

11

Busca. Billon. 1 gr. 20 centigr. (20 grains). — 1 exemplaire P. C.

142    32. Ecu de Savoie, accompagné de trois annelets ; + LVDOVICVS ❀ DVX, entre deux grenetis perlés.

*R*/ L gothique, accompagné de quatre annelets ; + SABAVDIE ❀ ET ˣ P., entre deux grenetis perlés.

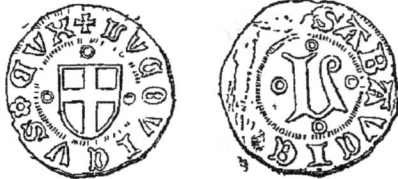

PROMIS, pl. VIII, n° 7. Obole de l'atelier de Cornavin, frappée par Jacques Philippe. AR. allié. 1 gramme (19 grains). — 5 exemplaires : 1 A. M., 4 P. C., à légendes du revers complètes.

143    33. Ecu de Savoie, accompagné de trois annelets ; + LVDOVICVS ❀ DVX ˣ, entre deux grenetis.

*R*/ L gothique, accompagné de quatre annelets ; + SABAVDIE ❀ ET ˣ P' ᵒ, entre deux grenetis.

RABUT F., *2ᵉ Notice.* Obole, coin différent, du même maître que la précédente. AR. allié. 74 centigrammes (14 grains). Diffère de PROMIS, n° 7, par la régularité des D et les croisettes qui terminent la légende de la fasce. — 2 exemplaires : 1 A. M., 1 P. C.

144    34. Ecu de Savoie, accompagné de trois annelets ; + LVDOVICVS ＊ DVX ˣ, entre deux grenetis.

*R*/ L gothique, accompagné de quatre annelets ; + SABAVDIE ＊ ET ˣ P', entre deux grenetis perlés.

PERRIN, *Monnayage en Savoie,* page 134. Obole, variété des

précédentes, dont elle diffère par le signe monétaire de Bertino Busca, monnayeur à Nyon : une flamme à 9 rais. AR. 69 centigrammes (13 grains). — 2 exemplaires P. C.

145 35. Ecu de Savoie penché, timbré du heaume, surmonté du cimier de Savoie coupant le haut de la légende; LVDOVICVS ※ DVX ※ SABAVDIE ※ PR', entre deux grenetis.

*R/* Croix de S. Maurice; ※ SANCTVS ※ MAVRICIVS ※ DVX ※ THEOB', entre deux grenetis très-fins.

Promis, pl. VIII, nº 9. Double gros frappé à Cornavin par Etienne Varambon. AR. 3 grammes 29 (demi-gros 28 grains). — 1 exemplaire P. C. Prix d'achat : 20 fr.

146 36. Ecu de Savoie, dans un double contour à quatre lobes; + LVDOVICVS ※ DVX ※, entre deux grenetis.

*R/* Croix alaisée, cantonnée de quatre croisettes; + SABAVDIE ※ ET ※ P c, entre deux grenetis.

Rabut F., *2e Notice*, pl. I, nº 3. Obole ou demi-viennois frappé à Cornavin par Jacques Philippe. AR. allié. 53 centigrammes (10 grains). — 3 exemplaires : 2 A. M., 1 P. C.

147 37. Ecu de Savoie, dans un double contour à quatre lobes; + LVDOVICVS ※ DVX ※, entre deux grenetis.

*R/* Croix alaisée, cantonnée de quatre croisettes ;
+ SABAVDIE ✾ ET P', entre deux grenetis.

PERRIN, *Monnayage en Savoie,* page 134. Obole, coin différent du même maître ; n'a pas de croisettes à la fin de la légende du revers. AR. 63 centigrammes (11 grains). — 3 exemplaires : 1 A. M., 2 P. C.

148    38. Ecu de Savoie, dans un double contour à quatre
lobes ; + LVDOVICVS ✾ DVX, entre deux grenetis.

*R/* Croix alaisée, cantonnée de quatre croisettes ;
+ SABAVDIE ✾ ET ⁑ P.

PERRIN, *Monnayage en Savoie,* page 134. Obole frappée par
le même monnayeur que les deux précédentes ; n'a pas de
croisettes à la fin de la légende du droit. AR. 0,47 centigr.
(9 grains). — 1 exemplaire P. C.

149    39. Ecu de Savoie, dans un double contour à
quatre lobes ; + LVDOVICVS * DVX ⁑, entre deux
grenetis.

*R/* Croix alaisée, cantonnée de quatre croisettes ;
+ SABAVDIE * ET ⁑ P ⁑, entre deux grenetis.

Obole ou demi-viennois frappé à Nyon par Bertino Busca.
AR. allié. 52 centigrammes (9 grains). — 1 exemplaire P. C.

150    40. Ecu de Savoie, dans un double contour trilobé ;
+ LVDOVICVS ✾ DVX, entre deux grenetis.

*R/* Croix alaisée, cantonnée de quatre croisettes ;
+ SABAVDIE, entre deux grenetis.

Perrin, *Monnayage en Savoie,* page 134. Obole frappée à Bourg. AR. 0,58 centigr. (11 grains). — 2 exemplaires : 1 A. M., 1 P. C.

Nous attribuons cette pièce à l'atelier de Bourg et non à celui de Cornavin, comme l'a fait Blavignac, qui n'en donne pas la raison, parce que la croix de S. Maurice est l'armoirie de Bourg, où Peronet-Guillod a frappé, sous les ducs Louis, Amédée IX, Philibert Ier, Charles Ier et Charles-Jean-Amédée, et que ce signe monétaire se retrouve sur des pièces frappées sous tous ces règnes.

151    41. Ecu de Savoie; + LVDOVICVS ✳ DVX, entre deux grenetis.

*R/* Croix pattée semblable à celle des monnaies d'Amédée IV; + SABAVDIE, entre deux grenetis.

Obole, d'un coin inédit, frappée à Bourg par le même maître que la précédente. Billon. 60 centigrammes (12 grains). — 1 exemplaire P. C.

152    42. Croix de S. Maurice; + LVDOVICS ✳ DVX, entre deux grenetis.

*R/* Grand S dans le champ; + ABAVDIE ✳, entre deux grenetis.

Rabut F., *3e Notice,* pl. I, n° 6. Obole frappée à Bourg par Peronet-Guillod. Billon. 53 centigr. (10 grains). — 1 exemplaire P. C.

153    43. FERT, coupé par un lacs d'amour posé perpendiculairement; ❈ LVDOVICVS ( une clef) D' ⁙
SABAV, entre deux grenetis.

*R/* Croix de S. Maurice; ❈ PRINCEPṢ ⁙ IM-
PE ⁙ ET' ×, entre deux grenetis.

PERRIN, *Monnayage en Savoie,* page 134. Quart, variété de
PROMIS ( T. C. 2, n° 4 ), frappé comme lui à Bourg par A.
Fabri. Billon. 0,95 centigrammes (18 grains). — 1 exemplaire
P. C. Diffère par la position différente de la clef, l'absence de
D à la fin de la légende de la fasce, et par une seule croix à
la fin de la légende du revers.

154    44. FERT, coupé par un lacs d'amour posé perpendiculairement; ❈ LVDOVIC' c D' ⁙ SABAVD,
entre deux grenetis.

*R/* Croix de S. Maurice; ❈ PRINCEPS ⁙ IMPE
⁙ ET', entre deux grenetis.

PERRIN, *Monnayage en Savoie,* page 134. Quart, variété du
précédent; porte le différent de Jacques Picoz, d'Avigliana,
qui aurait continué de battre à Nyon après la mort d'Amédée
VIII. Billon. 93 centigrammes ( 17 grains). — 1 exemplaire.

155    45. FERT, coupé par un lacs posé perpendiculairement; ❈ LVDOVIC' ✢∘ D' ⁙ SABAVD, entre deux
grenetis.

*R/* Croix de S. Maurice; ❈ PRINCEPS ⁙ IMPET
⁙ ET', entre deux grenetis.

Variété de quart frappé par Thomas de Folonia, à Chambéry. Billon. 94 centigrammes ( 18 grains). — 1 exemplaire.

156    46. Ecu de Savoie, avec un point secret au milieu
de la croix; ❈ LVDOVICS ✦ DVX, entre deux grenetis.

*R/* Croix pattée ; ✠ SABAVDIE, entre deux grenetis.

Demi-viennois inédit, frappé à Bourg par Peronet-Guillod.
Billon. 0,53 centigrammes (10 grains). — 1 exemplaire P. C.

---

# AMÉDÉE IX (1465-1472).

157    1. Ecu de Savoie penché, timbré du heaume, surmonté du cimier de Savoie coupant le haut de la
légende ; AMEDEVS ⚹ DVX ❁ SABAVDIE ⚹ PR',
entre deux grenetis très-fins.

*R/* Croix de S. Maurice ; ✠ SANCTVS ⚹ MORI-
CIVS ⚹ DVS ⚹ TIOBIA, entre deux grenetis.

Variété PROMIS, pl. VIII, n° 1. Double gros. AR. 2 grammes
76 centigr. (demi-gros et 18 grains). — 1 exemplaire P. C.
Le différent est une fleur peu distincte ; il y a une S au lieu d'X
à DVX, à la légende du revers.

158    2. Ecu de Savoie penché, timbré du heaume, surmonté du cimier de Savoie coupant le haut de la

légende; AMEDEVS × DVX ✠ SABAVDIE × PR',
entre deux grenetis grossiers.

*R/* Croix de S. Maurice; ✠ SANCTVS × MORI-
CIVS × DVX × TIOBIA, entre deux grenetis.

PERRIN, *Monnayage en Savoie,* page 135. Double gros. AR.
3 grammes 03 (demi-gros et 23 grains). — 1 exemplaire A. M.
D'une émission supérieure au précédent, n'en diffère que par
le signe monétaire de François Garin, qui frappait à Cornavin.

**159**  3. Ecu de Savoie dans un contour formé de trois
demi-cercles aboutés; ✠ AMEDEVS × DVX ✳ SA-
BAVDIE × CHA, entre deux grenetis très-fins.

*R/* Croix pattée, dans un contour formé de quatre
demi-cercles aboutés, terminés par des lacs; ✠ MAR-
CHIO × IN × ITALIA × PRINCEPS, entre deux grenetis très-fins.

Variété de PROMIS, pl. VIII, n° 2. Parpaïole frappée à Nyon
par Bertino Busca. Billon. 2 gr. 76 centigr. (demi-gros et 17
grains). — 1 exemplaire P. C.

**160**  4. Ecu de Savoie dans un contour formé de trois
demi-cercles aboutés; ✠ AMEDEVS × DVX ✠ SA-
BAVDIE × CHA, entre deux grenetis fins.

*R/* Croix pattée, dans un contour formé de quatre
demi-cercles aboutés terminés par des lacs; ✠ MAR-

CHIO ⚹ IN ⚹ ITALIA ⚹ PRINCEPS, entre deux grenetis fins.

Variété de coin de la parpaïole précédente, dont elle ne diffère que par la marque de François Garin, maître monnayeur à Cornavin, et par les croisettes placées après IN. Billon. 2 grammes 75 (demi-gros et 17 grains). — 2 exemplaires. Achat : 3 fr.

161    5. Ecu de Savoie dans un contour formé de trois demi-cercles aboutés; ✠ AMEDEVS ⚹ DVX ◡ SABAVDIE ⚹ PRI, entre deux grenetis.

*R/* Croix pattée, dans un contour formé de quatre demi-cercles aboutés terminés par des lacs; ✠ MARCHIO ⚹ IN ⚹ ITALIA ⚹ PRINCEPS ⚹, entre deux grenetis.

Parpaïole inédite, portant pour différent un croissant. Billon. 2 grammes 70 (demi-gros et 14 grains). — 1 exemplaire. Achat : 2 fr.

162    6. Ecu de Savoie dans un contour formé de trois demi-cercles aboutés; ✠ AMEDEVS ⚹ DVX ✠ SABAVDIE, entre deux grenetis.

*R/* Croix pattée, dans un contour formé de quatre demi-cercles aboutés terminés par des lacs aux premier et quatrième quartiers; ✠ MARCHIO ⚹ IN ⚹ ITALIA ⚹ PRI', entre grenetis.

Demi-blanc inédit, frappé à Cornavin par François Garin. Billon. 1 gramme 50 (27 grains). — 1 exemplaire P. C.

163    7. FERT, coupé par un lacs posé perpendiculairement; ✠ AMEDEVS ✦ ◦ DVX ⁞ SAB', entre deux grenetis.

*R/* Croix de S. Maurice; ✠ IN ៖ ITALIA ៖ MAR ៖
PRN', entre deux grenetis.

Quart frappé à Cornavin par Jacques Philippe. Billon. 1 gr.
30 centigr. (27 grains). — 1 exemplaire P. C.

164    8. FERT, coupé par un lacs posé perpendiculairement; ✠ AMEDEVS ❀ ◦ DVX ៖ SAB', entre deux
grenetis.

    *R/* Croix de S. Maurice; ✠ IN ៖ ITALIA ៖ MAR-
CHIO, entre deux grenetis.

    Perrin, *Monnayage en Savoie,* page 135. Quart, d'un coin
différent par la légende du revers, frappé à Cornavin par le
même maître. Billon. 1 gramme 32 (28 grains). — 2 exemplaires : 1 A. M., 1 P. C.

165    9. FERT, coupé par un lacs posé perpendiculairement; ✠ AMEDEVS ❀ ◦ DVX ៖ SAB', entre deux
grenetis.

    *R/* Croix de S. Maurice; ✠ IN ITALIA ៖ MAR-
CHIO, entre deux grenetis.

    Perrin, *Monnayage en Savoie,* page 135. Quart, d'un coin
différent, du même maître. Billon. 1 gramme (19 grains). —
1 exemplaire P. C. Diffère par l'absence de points après IN.

166    10. FERT, entre quatre traits parallèles; ✠ AME-
DEVS ❀ DVX ៖ SAB', entre deux grenetis.

*R/* Ecu de Savoie dans un double contour losangé; ✠ IN ⁓ ITALIA ⁓ MAR' PRN ⁓, entre deux
grenetis.

PERRIN, *Monnayage en Savoie,* page 135. Quart, d'un coin
différent, du même maître, n'a pas de point après MAR', au
revers, et en a à la fin de la légende. Billon. 1 gramme 27 (24
grains). — 1 exemplaire P. C.

57   **11.** FERT, entre quatre traits parallèles; ✛ AME-
DEVS ✳ DVX ⁓ SAB' ⁰, entre deux grenetis.

*R/* Ecu de Savoie dans un double contour losangé; ✛ IN ⁓ ITALIA ⁓ MAR ⁓ PRN ⁓, entre deux
grenetis.

PERRIN, *Monnayage en Savoie,* page 136. Quart, variété de
PROMIS, n° 6, frappé à Nyon par Bertino Busca. Billon. 1 gr.
06 centigr. (20 grains). — 2 exemplaires : 1 A. M., 1 P. C.

58   **12.** Le prince, armé de toutes pièces, l'épée à la
main, sur un cheval au galop; AMEDEVS ✶ D | VX
✠ SABA | VDIE.

*R/* Ecu de Savoie échancré, timbré d'un heaume
surmonté du cimier de Savoie coupant le mot FERT,
dans un double contour formé de quatre lobes et
quatre angles aboutés; MARC' | IO ✶ IN | ITALI' |
PRINC'.

Variété de PROMIS, pl. IX, n° 8. Ecu d'or frappé à Cornavin

par François Garin. OR. 3 grammes 50 (demi-gros 29 grains).
— 1 exemplaire A. M. Prix d'achat : 25 francs. Diffère par le
signe monétaire et les coupures de la légende du droit.

169     13. Ecu de Savoie, point secret au milieu, accompagné de trois lacs d'amour, le tout dans un double
contour formé de trois demi-cercles ; + AMEDEVS ⁂
DVX ⁂ SABAVDIE ⁂ PRINCEPS, entre deux grenetis.

*R/* Croix fleuronnée, dans un double contour
formé de quatre demi-cercles, avec fleurs de lis aux
points de jonction ; + DEVS ⁂ IN ⁂ ADIVTORIVM
MEUM ⁂ IN ⁂ TENDE, entre un filet et un grenetis.

Rabut F., *3e Notice.* Ecu d'or. OR. 3 grammes 35 (demi-
gros et 27 grains). — 1 exemplaire P. C. Le signe monétaire
est un rayonnement représentant le soleil, différent de Bertino
Busca, qui frappait à Nyon en 1427.

# PHILIBERT· Ier (1472-1482).

1. Ecu de Savoie dans un double contour trilobé ; ✠ PHILIBERT' ⁊ ❀ ⁊ D' ⁊ SABAVDIE, entre deux grenetis.

*R/* Croix pattée, cantonnée de quatre lacs, dans un double contour quatrilobé ; ✠ MARCHIO ⁊ IN ⁊ ITALIA ⁊ PRIN, entre deux grenetis.

PROMIS, pl. IX, n° 1. Parpaïole. Billon. 2 gr. 39 décigr. (demi-gros et 9 grains). — 3 exemplaires P. C. Prix d'achat : 8 francs.

2. Ecu de Savoie dans un double contour trilobé ; + PHILIBERTVS ❀ DVX ⁊ SABAVDIE, entre deux grenetis.

*R/* Croix pattée, cantonnée de quatre lacs dans un double contour quatrilobé ; + MARCHIO ⁊ IN ⁊ ITALIA ⁊ PRINCEPS, entre deux grenetis.

PERRIN, *Monnayage en Savoie,* page 137. Parpaïole d'un poids supérieur à celle de PROMIS, dont elle diffère par les légendes complètes et par le signe monétaire. Billon. 2 gr. 86 centigr. (demi-gros et 20 grains). — 4 exemplaires : 1 A. M., 3 P. C. Prix d'achat : 16 francs.

172    3. Ecu de Savoie dans un double contour trilobé ; ✛ PHILIBERTVS ⁝ DVX ✠ SABAVDIE, entre deux grenetis.

*R/* Croix pattée, cantonnée de quatre lacs dans un double contour quatrilobé ; ✛ MARCHIO ⁝ IN ⁝ ITA-LIA ⁝ PRINCEPS, entre deux grenetis.

PERRIN, *Monnayage en Savoie,* page 137. Parpaïole d'un poids intermédiaire entre celle de PROMIS et la précédente, dont elle ne diffère que par le signe monétaire, qui est celui de François Garin. Billon. 2 grammes 60 ( demi-gros et 14 grains ). — 1 exemplaire P. C.

173    4. Ecu de Savoie dans un double contour trilobé ; ✛ PHILIBERTVS ⁝ DVX (signe peu marqué, lacs?) SABAVDIE, entre deux grenetis.

*R/* Croix pattée, cantonnée de quatre lacs, dans un double contour quatrilobé ; ✛ MARCHIO ⁝ IN ⁝ ITALIA ⁝ PRINCEPS, entre deux grenetis.

Parpaïole d'un coin différent ; le signe monétaire, peu marqué, paraît être un lacs. Billon. 2 grammes 51 ( demi-gros et 12 grains ). — 1 exemplaire P. C.

174    5. Ecu de Savoie dans un double contour trilobé ; ✤ PHILIBERT ⁝ ✤ ⁝ D' ⁝ SABAVDIE, entre deux grenetis.

*R/* Croix pattée, cantonnée d'un lacs aux 1ᵉʳ et 2ᵉ quartiers ✤ MARCHIO ⁝ IN ITALIA ⁝ PRIN, entre deux grenetis.

PROMIS, pl. IX, n° 2. Petit blanc. Billon. 1 gr. 3 centigr. (demi-gros); pièce très-usée. — 1 exemplaire A. M.

6. Ecu de Savoie dans un double contour trilobé; + PHILIBERTVS ⁚ DVX ✠ SABAVD', entre deux grenetis.

R/ Croix pattée, cantonnée d'un lacs aux 1er et 4e quartiers; + MARCHIO ⁚ IN ⁚ ITALIA ⁚ PRIN, entre deux grenetis.

PERRIN, *Monnayage en Savoie*, page 137. Petit blanc, variété de celui publié par PROMIS, dont il diffère par le signe monétaire de F. Garin. Billon. 1 gramme 32 (demi-gros et 6 grains). — 1 exemplaire P. C.

7. Ecu de Savoie cantonné de quatre annelets; + PHILIB. DVX. SABAVD. B., entre deux grenetis.

R/ Grand P gothique; + PRICEPS ( Z barré ) MAR. I. ITALIA, entre deux grenetis.

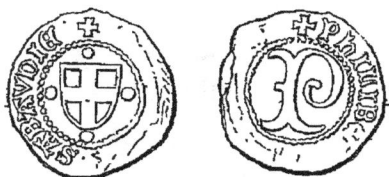

RABUT F., *2e Notice*. Denier fort escucellé frappé à Bourg. Billon. 90 centigrammes (17 grains). — 2 exemplaires : 1 A. M., 1 P. C.

177 8. Ecu de Savoie cantonné de quatre annelets;
+ PHILIB'. DVX. SABAVDIE · B., entre deux grenetis.

*R/* Grand P gothique; + PRICEPS ( Z barré )
MAR. I. ITALIA, entre deux grenetis.

Denier fort escucellé, frappé à Bourg par le même maître,
mais d'un coin différent. Billon. 69 centigrammes (13 grains).
— 3 exemplaires : 1 A. M., 2 P. C.

178 9. Ecu de Savoie cantonné de quatre annelets;
+ PHILIB · DVX · SABAVD ∘ P ∘ C??, entre deux
grenetis.

*R/* Grand P gothique; + PRICEPS ( Z barré )
MAR. I. ITALIA, entre deux grenetis.

PERRIN, *Monnayage en Savoie,* page 138. Denier fort escucellé, frappé à Chambéry par Pierre Baligny. Billon. 84 centigrammes (16 grains). — 1 exemplaire P. C.

179 10. Ecu de Savoie cantonné de quatre annelets;
+ PHILIB · DVX · SABAV · P. C., entre deux grenetis.

*R/* Grand P gothique; + PRICEPS ( Z barré )
MAR. T. ITALIA, entre deux grenetis.

Variété de coin de denier fort escucellé du même maître
que le précédent. Billon. 87 centigr. (17 grains). — 4 exemplaires : 1 A. M., 3 P. C.

180 11. Ecu de Savoie entre deux lacs; + PHILIB' ∘
DVX ∘ SABAVDIE ∘ G-R, entre deux grenetis.

*R/* Croix de S. Maurice dans un double contour
quatrilobé; ✚ PRICEPS (Z barré) MAR ∘ I ∘ ITALIA,
entre deux grenetis.

RABUT F., *2ᵉ Notice*. Parpaïole frappée à Cornavin. Billón. 2 grammes 54 (demi-gros et 13 grains). — 3 exemplaires : 1 A. M., 2 P. C. Prix d'achat : 10 francs. Variété de PROMIS, pl. X, n° 7; diffère par le signe monétaire et par le Z barré. Ce signe, que nous avions pris pour un différent d'atelier ou de monnayeur, n'est que la conjonction *et* placée ainsi sur plusieurs monnaies de ce prince, n°ˢ 8, 9, 10, 11, 12, etc.

**181** 12. Ecu de Savoie entre deux lacs ; + PHILIB ° DVX ° SABAVDIE ° B °I, entre deux grenetis.

*R/* Croix de S. Maurice dans un double contour quatrilobé; ✤ PRICEPS (Z barré) MAR ° I ° ITALIA, entre deux grenetis.

PERRIN, *Monnayage en Savoie*, page 138. Parpaïole d'un coin différent, frappée à Bourg. Billon. 2 grammes 60 (demi-gros et 15 grains). — 2 exemplaires : 1 A. M., 1 P. C.; l'un d'eux est en cuivre argenté. Signalons le même différent sur un denier fort du même type que le n° 176.

**182** 13. FERT, entre quatre traits parallèles ; + PHI-LI · B'TVS ° DVX, entre deux grenetis.

*R/* Croix de S. Maurice ; + INTE ° DONE ° CON-FIDO ° B, entre grenetis.

Quart frappé à Bourg. Billon. 1 gramme (19 grains). — 1 exemplaire P. C.

183    14. Ecu de Savoie; + PHILIB'TVS × DVS ○ S ○ B ○ D. G. G., entre grenetis.

*R*/ Croix fleuronnée, cantonnée de points aux 1er et 4e quartiers; + SABAVDIE ○ ET ○ P, entre grenetis.

Blanchet frappé à Cornavin par Nicolas Gatti. Billon. 95 centigrammes (16 grains). Un S est à la place d'X à la fin du mot DVX, faute que nous trouvons reproduite sur une maille de Philippe II. — 3 exemplaires : 1 A. M., 2 P. C.

184    15. Ecu de Savoie losangé; + PHILIBERT'⁔ D' entre deux grenetis.

*R*/ Croix de S. Maurice; ✤ SABAVDIE, entre deux grenetis.

Perrin, *Monnayage en Savoie*, page 138. Obole viennoise. Billon. 42 centigrammes (8 grains). — 1 exemplaire P. C.

—————

# CHARLES Ier (1482-1490).

185    1. Ecu de Savoie dans un double contour trilobé; ✠ KAROLVS ○ DVX ○ SABAVD ○ G-G ○, entre deux grenetis.

*R*/ Croix pattée, cantonnée de quatre lacs, le tout dans un double contour quatrilobé; ✠ MARCHIO ○ IN ○ ITALIA ○ PRINCEPS, entre deux grenetis.

Promis, pl. X, n° 3. Parpaïole frappée à Cornavin par Nicolas Gatti. Billon. 2 grammes 17 (demi-gros et 2 grains). — 2 exemplaires : 1 A. M., 1 P. C. Prix d'achat : 5 francs.

186 2. Ecu de Savoie, avec point secret au milieu de la croix, dans un contour trilobé ; ✠ KAROLVS • DVX • SABAVDI, entre deux grenetis de traits biais.

*R/* Croix pattée, cantonnée de quatre lacs, le tout dans un contour quatrilobé ; ✠ MARCHIO • IN • ITALIA • PR' • B, entre deux grenetis de traits biais.

Perrin, *Monnayage en Savoie,* page 138. Parpaïole frappée à Bourg. Billon. 1 gramme 35 (27 grains). — 1 exemplaire P. C. Prix d'achat : 5 francs.

187 3. Ecu de Savoie surmonté d'un point triangulaire dans un contour trilobé ; + KAROLVS · I · DVX · SABAVDIE, entre deux grenetis.

*R/* Croix pattée, cantonnée de quatre lacs, le tout dans un contour quatrilobé ; + MARCHION · IN · ITALIA · C · R, entre deux grenetis.

Variété inédite des précédentes, dont elle diffère par les légendes plus complètes : l'N après MARCHIO et par le signe particulier (point triangulaire) placé au-dessus de l'écu et entre les mots des légendes. Parpaïole sortie d'un autre atelier. Billon. 1 gramme 50 (30 grains). — 1 exemplaire P. C.

**188**  4. FERT, entre quatre traits parallèles; ✠ KA-ROLVS ⚬ DVX ⚬ SABAVD' ⚬ PC, entre deux grenetis.

*R/* Croix de S. Maurice; ✠ PRINCEPS ⚬ IN ⚬ ITALIA, entre deux grenetis.

Promis, pl. X, n° 4. Quart. Billon. 74 centigrammes (14 grains). — 1 exemplaire P. C. Prix d'achat : 2 francs.

**189**  5. FERT, entre quatre traits parallèles; ✠ KA-ROLVS ⚬ DVX ⚬ SABAVD ⚬ B, entre deux grenetis.

*R/* Croix de S. Maurice; ✠ PRINCEPS ⚶ IN ⚶ ITALIA, entre deux grenetis.

Perrin, *Monnayage en Savoie,* page 138. Quart frappé à Bourg par Peronet-Guillot. Billon. 74 grammes (14 grains). 2 exemplaires P. C.

**190**  6. Ecu de Savoie accompagné de deux annelets, l'un en chef, l'autre en pointe; ✠ KAROLVS ⚬ DVX ⚬ SABAVD ⚬ GG ⚬, entre deux grenetis.

*R/* K gothique, accompagné de quatre annelets; ✠ PRINCEPS ⚬ IN ⚬ ITALIA, entre deux grenetis.

Promis, pl. X, n° 5. Fort frappé à Cornavin par Nicolas Gatti. Billon. 75 centigrammes (15 grains). — 3 exemplaires : 2 A. M., 1 P. C.

7. Ecu de Savoie accompagné de deux annelets, l'un en chef, l'autre en pointe ; ✠ KAROLVS ○ DVX ○ SABAVD, entre deux grenetis.

*R/* K gothique, accompagné de quatre annelets ; ✠ PRINCEPS ○ IN ○ ITALIA, entre deux grenetis.

Perrin, *Monnayage en Savoie,* page 139. Fort, variété du précédent, sans signe monétaire. Billon. 79 centigrammes (15 grains). — 1 exemplaire P. C.

8. Ecu de Savoie accompagné de quatre annelets, l'un en chef, l'autre en pointe ; ✠ KAROLVS ○ DVX ○ SABAVD ○ IC, entre deux grenetis.

*R/* K gothique, accompagné de quatre annelets, l'un en chef, l'autre en pointe ; ✠ PRINCEPS ○ IN ○ ITALIA, entre deux grenetis.

Perrin, *Monnayage en Savoie,* page 139. Fort, variété des précédents, dont il diffère par les initiales IC. Billon. 74 centigrammes (14 grains). — 1 exemplaire P. C.

9. Ecu de Savoie accompagné de quatre annelets ; ✠ KAROLVS ○ DVX ○ SABAVD ○ G, entre deux grenetis.

*R/* K gothique, accompagné de quatre annelets ; ✠ PRINCEPS ○ IN ○ ITALIA, entre deux grenetis.

Perrin, *Monnayage en Savoie,* page 139. Fort frappé à Cornavin. Billon. 53 centigrammes (10 grains). — 1 exemplaire P. C.

194     10. Ecu de Savoie accompagné de quatre annelets; ✠ KAROLVS ∘ DVX ∘ SABAVD ∘ P' ∘ C, entre deux grenetis.

*R/* K gothique accompagné de quatre annelets; ✠ PRICEPS ∘ I ∘ ITALIA, entre deux grenetis.

Fort différent du précédent par l'absence de l'N dans les mots PRINCEPS et IN; probablement de l'atelier de Chambéry, comme tous ceux aux initiales P. C. Billon. 60 centigr. (12 grains). — 1 exemplaire P. C.

195     11. Ecu de Savoie accompagné de quatre annelets; ✠ KAROLVS ∘ DVX ∘ SABAVD ∘ P' ∘ C, entre deux grenetis.

*R/* K gothique; ✠ PRICEPS ∘ I ∘ ITALIA, entre deux grenetis.

Perrin, *Monnayage en Savoie,* page 139. Fort différent du précédent par l'absence d'annelets accostant le K au revers. Billon. 79 centigrammes (15 grains). — 1 exemplaire P. C.

196     12. Ecu de Savoie accompagné de quatre annelets; ✠ KAROLVS · SABAV · B ∘ A, entre deux grenetis.

*R/* K gothique; ✠ PRICEPS · MAR ∘ IN · ITALIA, entre deux grenetis.

Fort d'un coin différent par la légende de la fasce, frappé dans l'atelier de Bourg. Billon. 77 centigr. (14 grains). — 1 exemplaire A. M.

197     13. Ecu de Savoie accompagné de quatre annelets; ✠ KAROLVS ∘ DVX ∘ SABAV ∘ IB, entre grenetis.

*R/* K gothique avec point secret au milieu; ✠ PRINCEPS ( Z barré ) MAR ∘ I ∘ ITALIA, entre grenetis.

Fort probablement frappé dans le même atelier, par un maître différent. Billon. 76 centigrammes (14 grains). — 1 exemplaire P. C.

.98 14. Ecu de Savoie accompagné de quatre annelets; ✠ KAROLVS ⚬ DVX ⚬ SABAV ⚬ G. T, entre grenetis.

*R/* K gothique avec point secret au milieu; ✠ PRICEPS ( Z barré ) MAR ⚬ I ⚬ ITALIA, entre grenetis.

Fort de l'atelier de Cornavin, au type du précédent. Billon. 77 centigrammes (14 grains). — 1 exemplaire P. C.

99 15. Ecu de Savoie accompagné de quatre annelets; ✠ KARO ⚬ D ⚬ SABAV · P ⚬ C ⚬, entre grenetis.

*R/* K gothique avec point secret au milieu; ✠ PRICEPS ( Z barré) MAR ⚬ I ⚬ ITALIA, entre grenetis.

Fort à légende du droit différent, probablement de l'atelier de Chambéry. Billon. 73 centigrammes (13 grains). — 1 exemplaire P. C.

00 16. Ecu de Savoie; ✠ KAROLVS ⚬ DVX ⚬ S ⚬ B ⚬ D, entre deux grenetis.

*R/* Croix fleuronnée, cantonnée d'un point aux 1ᵉʳ et 4ᵉ quartiers; ✠ SABAVDIE * ET * P'.

Promis, pl. X, n° 6. Blanchet. Billon. 69 centigrammes (13 grains). — 2 exemplaires A. M., à légendes plus complètes que l'exemplaire de Promis.

201   17. Ecu de Savoie; ✛ KAROLVS ⚬ DVX ⚬ S ⚬ B ⚬ D ⚬ G-G, entre deux grenetis.

*R/* Croix fleuronnée, cantonnée d'un point aux 1ᵉʳ et 4ᵉ quartiers; ✛ SABAVDIE ⚬ ET ⚬ P', entre deux grenetis.

Rᴀʙᴜᴛ F., *2ᵉ Notice*. Blanchet frappé à Cornavin par Nicolas Gatti. Billon. 1 gramme 06 (20 grains).— 5 exemplaires : 2 A. M., 3 P. C.

202   18. Buste du prince à senestre, armé de l'épée; ✳ KAROLVS ⚬ D ⚬ SABAVDIE ⚬ MAR ⚬ I ⚬ ITA ⚬ G-G, entre deux grenetis.

*R/* Ecu de Savoie surmonté d'un lacs, accosté du mot FERT, dans un contour quatrilobé; ✳ XPS ⚬ VINCIT ⚬ XPS ⚬ REGNAT ⚬ XPS ⚬ INPER, entre deux grenetis.

Pʀᴏᴍɪs, pl. X, n° 8. Double teston frappé à Cornavin par Nicolas Gatti. AR. 9 grammes 24 (2 gros 30 grains). — 1 exemplaire A. M.

203   19. Buste du prince à senestre, armé de l'épée se terminant en arrière du bonnet, qui est coupé droit; ✳ KAROLVS ⚬ D ⚬ SABAVDIE ⚬ MAR ⚬ I ⚬ ITA ⚬ G-G, entre deux grenetis.

*R/* Ecu de Savoie, avec point au milieu, surmonté

d'un lacs, accosté du mot FERT, dans un contour quatrilobé; ✠ XPS ○ VINCIT ○ XPS ○ REGNAT ○ XPS ○ INPER, entre deux grenetis.

Double teston d'un coin différent, sorti du même atelier. AR. 9 grammes 24 (2 gros 30 grains). — 2 exemplaires : 1 A. M., 1 P. C.

204  20. Buste du prince à senestre, armé de l'épée se terminant en arrière du bonnet; ✠ KAROLVS ○ D ○ SABAVDIE ○ MAR ○ I ○ ITA ○ G-G, entre deux grenetis.

*R*/ Ecu de Savoie avec point au milieu, accosté du mot FERT, dans un contour quatrilobé; ✠ XPS ○ VINCIT ○ XPS ○ REGNAT ○ XPS ○ INPER', entre deux grenetis.

Double teston d'un coin différent, sorti du même atelier. Le prince a au cou une colerette qui ne figure pas sur les autres pièces. AR. 9 grammes 24 (2 gros 30 grains). — 1 exemplaire P. C.

205  21. Le duc, sur un cheval au galop, armé de toutes pièces; KARO ○ D | VX S | ABAVD G-G.

*R*/ Ecu de Savoie penché, timbré d'un heaume surmonté du cimier de Savoie, accosté de deux lacs; XPS ○ RES ○ VENIT | ○ IN ○ PACE ○ DEV.

Perrin, *Monnayage en Savoie,* page 139. Variété de Promis, pl. XI, n° 9. Teston frappé à Cornavin par Nicolas Gatti. AR. 4 grammes 57 (1 gros 14 grains). — 1 exemplaire P. C.

206   22. FERT, entre quatre traits parallèles, accosté de deux lacs; ✠ CAROLVS * C * DVX * SABAVD, entre deux grenetis.

   *R/* Croix de S. Maurice; ✠ PRINCEPS * IN * ITALIA, entre deux grenetis.

Promis, pl. XI, n° 10. Denier tournois, probablement frappé à Chambéry, dont l'étoile sépare les légendes. Billon. 1 gramme (19 grains). — 3 exemplaires P. C. Prix d'achat : 3 fr.

207   23. FERT, entre quatre traits parallèles, accosté de deux lacs; ✠ KAROLVS · DVX · SABAVD · G-G, entre deux grenetis.

   *R/* Croix de S. Maurice; ✠ PRINCEPS · IN · ITALIA, entre deux grenetis.

Denier tournois frappé à Cornavin par Nicolas Gatti. Billon. 78 centigrammes (18 grains). — 2 exemplaires P. C.

208   24. Ecu de Savoie accompagné de deux annelets, l'un en chef, l'autre en pointe; + KAROLVS ∘ DVX ∘ S ∘ B ∘ D ∘ G-G, entre deux grenetis.

   *R/* K gothique, accompagné de quatre annelets; + PRINCEPS ∘ IN ∘ ITALIA, entre deux grenetis.

PROMIS, pl. XI, n° 11. Denier fort frappé à Cornavin par Nicolas Gatti. Billon. 1 gramme 06 (20 grains). — 5 exemplaires : 3 A. M., 2 P. C.

209    25. Ecu de Savoie accompagné de deux annelets, l'un en chef, l'autre en pointe ; + KAROLVS ○ DVX ○ ○ S ○ B ○ D ○ PC, entre deux grenetis.

*R/* K gothique, accompagné de quatre annelets ; + PRINCEPS ○ IN ○ ITALIA, entre deux grenetis.

PERRIN, *Monnayage en Savoie,* page 139. Denier fort frappé à Chambéry par Pierre Baligny. Billon. 69 centigrammes (13 grains). — 6 exemplaires : 4 A. M., 2 P. C. Diffère du précédent par les initiales du monnayeur et par une infériorité de poids assez marquée.

210    26. Ecu de Savoie accompagné de deux annelets, l'un en chef, l'autre en pointe ; + KAROLVS ○ DVX ○ S ○ B ○ D ○ B, entre deux grenetis.

*R/* K gothique, accompagné de quatre annelets ; + PRINCEPS ○ IN ○ ITALIA, entre deux grenetis.

PERRIN, *Monnayage en Savoie,* page 139. Denier fort frappé à Bourg. Billon. 79 centigrammes (15 grains). — 1 exemplaire P. C.

211    27. Ecu de Savoie accompagné de deux annelets, l'un en chef, l'autre en pointe ; + KAROLVS ○ DVX ○ S ○ B ○ D ○ C, entre deux grenetis.

*R*/ K gothique, accompagné de quatre annelets;
+ PRINCEPS ∘ IN ∘ ITALIA, entre deux grenetis.

Denier fort frappé à Chambéry, sans marque de monnayeur.
Billon. 71 centigrammes (14 grains). — 1 exemplaire A. M.

212    28. Ecu de Savoie dans un double contour .quatri-
lobé; + KAROLVS ∘ DVX ∘ S ∘ B ∘ D ∘ C, entre deux
grenetis.

*R*/ Croix alaisée, cantonnée de quatre croisettes;
+ SABAVDIE ∘ ET ∘ P' ∘, entre deux grenetis.

Promis, pl. XI, n° 12. Maille frappée à Chambéry. Billon.
84 centigrammes (16 grains). — 2 exemplaires : 1 A. M.,
1 P. C.

213    29. Ecu de Savoie dans un double contour quatrilobé; + CAROLVS ✻ DVX ✻ C ✻ S ✻ B ✻ D, entre
deux grenetis.

*R*/ Croix alaisée, cantonnée de quatre croisettes;
+ SABAVDIE ✻ ET ✻ P', entre deux grenetis.

Perrin, *Monnayage en Savoie,* page 139. Maille également
sortie de l'atelier de Chambéry. Billon. 58 centigrammes (11
grains). — 2 exemplaires P. C.

214    30. Ecu de Savoie dans un double contour quatrilobé; + KAROLVS ∘ DVX ∘ S ∘ B ∘ D ∘ PC, entre
deux grenetis.

*R*/ Croix alaisée, cantonnée de croisettes au 1<sup>er</sup> et au 4<sup>e</sup> quartier ; + SABAVDIE ∘ ET ∘ P, entre deux grenetis.

PERRIN, *Monnayage en Savoie,* page 139. Maille frappée à Chambéry. Billon. 63 centigrammes (12 grains). — 2 exemplaires A. M.

215    31. Ecu de Savoie dans un double contour quatrilobé ; + KAROLVS · DVX · SBD G-G, entre deux grenetis.

*R*/ Croix alaisée, cantonnée de quatre croisettes ; + PRINCEPS IN ITALIA, entre deux grenetis.

PERRIN, *Monnayage en Savoie,* page 139. Maille frappée à Cornavin par Nicolas Gatti ; la légende du revers diffère des précédentes. Billon. 63 centigr. (12 grains). — 1 exemplaire P. C.

216    32. Ecu de Savoie dans un double contour quatrilobé ; + CAROLVS * C * DVX SBD, entre deux grenetis.

*R*/ Croix alaisée, cantonnée de quatre croisettes ; + PRINCEPS IN ITALIA, entre deux grenetis.

Maille, variété de la précédente, frappée à Chambéry. Billon. 64 centigrammes (12 grains). — 1 exemplaire P. C.

217    33. Buste du prince à senestre ; + KAROLVS ∘ DVX ⁞ SABAVDIE ∘⁞ G ∘⁞ G ⁞∘.

*R*/ Ecu de Savoie penché, timbré du heaume, surmonté du cimier de Savoie coupant la légende, accosté de deux lacs ; + PS ∘ RES ∘ VEN | IT ∘ IN ∘ PACE ∘ DEV ⁞∘.

Promis, pl. XI, n° 14. Demi-teston frappé à Cornavin par
Nicolas Gatti, ordonnance de 1485. AR. 4 grammes 30 (1 gros
11 grains). — 1 exemplaire P.C. Prix d'achat : 25 francs.

218    34. K gothique; + KAROLVS ○ DVX ○ M ○, entre
deux grenetis.

*R*/ Ecu de Savoie surmonté de trois globules;
+ SABAVDIE, entre deux grenetis.

Promis, pl. XI, n° 16. Denier fort. Billon. 74 centigrammes
(14 grains). — 2 exemplaires P. C.

219    35. K gothique, avec point secret; + AROLVS ·
DVX · M ·, entre deux grenetis.

*R*/ Ecu de Savoie surmonté de trois globules;
+ SABAVDIE, entre deux grenetis.

Denier fort, variété du précédent, dont il diffère par les
signes qui séparent les mots de la légende du droit. Billon.
84 centigrammes (16 grains). — 2 exemplaires P. C.

220    36. K gothique, avec point secret; + AROLVS ○
DVX ○ ET, entre deux grenetis.

*R/* Ecu de Savoie surmonté de trois globules;
+ SABAVDIE, entre deux grenetis.

Denier fort, variété du précédent, dont il diffère par l'absence de K et ET au lieu de M. Billon. 53 centigrammes (10 grains). — 2 exemplaires P. C.

221    37. K gothique, accosté d'une fleurette, et point secret; + AROLVS · DVX · ET ·, entre deux grenetis.

*R/* Ecu de Savoie surmonté de trois globules;
+ SABAVDIE, entre deux grenetis.

Denier fort, variété du précédent, avec marque de monnayeur qui n'a pas encore été signalée sous ce règne. Billon. 84 centigrammes (16 grains). — 1 exemplaire P. C.

222    38. Croix alaisée, cantonnée de quatre points;
+ KAROLVS ∘ D ∘, entre deux grenetis.

*R/* Lacs placé horizontalement, entre deux points;
+ SABAVDIE ∘ E ∘ P, entre deux grenetis.

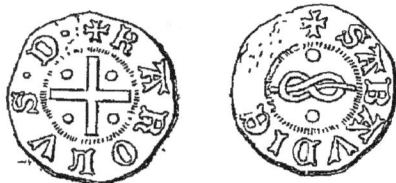

Promis, pl. XI, nº 17. Blanchet. Billon. 58 centigrammes (11 grains). — 3 exemplaires : 1 A. M., 2 P. C.

223    39. Croix alaisée, avec point secret au milieu, cantonnée du mot FERT; + KAROLVS..... IA, entre deux grenetis.

*R/* Lacs placé horizontalement entre deux points; + SABAVDIE ⚬ C ⚬ D ⚬, entre deux grenetis.

Blanchet d'un type nouveau. Billon. 63 centigr. (12 grains). — 1 exemplaire P. C.

---

# CHARLES-JEAN-AMÉDÉE
## ET BLANCHE, tutrice (1490-1496).

224    1. FERT gothique; + K ⚬ I ⚬ A ⚬ D ⚬ SABAVDIE, entre deux grenetis.

*R/* Croix de S. Maurice; ✤ BLANCHA ⚬ D ⚬ S ⚬ TVTRIX, entre deux grenetis.

Promis, pl. XII, n° 1. Quart. Billon. 74 centigrammes (14 grains). — 3 exemplaires : 1 M<sup>is</sup> d'Oncieu, 2 P. C.

225    2. Ecu de Savoie; + K · I · A · D · SABAVDIE, entre deux grenetis.

*R/* Croix; + SABAVDIE, entre deux grenetis.

Obole. Billon. 45 centigrammes (9 grains). — 1 exemplaire P. C.

# PHILIPPE II (1496-1497).

226   1. Tête du prince à gauche; ✖ PHILIPVS ∘ DVX ∘ SABAVDIE ∘ VII ∘, entre deux grenetis.

*R/* Ecu de Savoie, avec point secret au milieu, accolé du mot FERT, dans un contour de quatre lobes formés d'un grenetis entre deux filets; ✖ ADNO × FACTVM × EST × ISTVD ×, entre deux grenetis.

Ducat de Savoie. Variété des n^os 2 et 3 de Promis, ayant la face du n° 3, et au revers la formule du n° 2. AR. 9 grammes 21 (2 gros 30 grains). — 1 exemplaire P. C.

227   2. FERT gothique; ✖ PHILIPVS × D × SABAV-DIE, entre deux grenetis.

*R/* Croix de S. Maurice; ✖ MARCHIO × IN × ITALIA, entre deux grenetis.

Promis, pl. XII, n° 6. Quart. Billon. 79 centigr. (15 grains). — 2 exemplaires P. C.

228    3. Ecu de Savoie, avec points ouverts en chef et en pointe; ✶ PHILIPVS ◦ DVX ◦ SABAVDIE, entre deux grenetis.

*R/* P gothique accompagné de quatre points ouverts; ✶ A ◦ DNO ◦ FACTVM ◦ ESTISTVD ◦, entre deux grenetis.

Promis, pl. XII, n° 7. Fort. Billon. 67 centigr.´ (13 grains). — 3 exemplaires : 2 A. M., 1 P. C.

229    4. Ecu de Savoie, avec points ouverts en chef et en pointe; ✶ PHILIPVS ◦ DVX ◦ SABAV ◦ PC, entre deux grenetis.

*R/* P gothique, accompagné de quatre points ouverts; ✶ A ◦ DO ◦ FACTVM ◦ EST ◦ ISTVD.

Fort à légendes plus courtes, frappé probablement à Chambéry. Billon. 65 centigrammes (12 grains). — 5 exemplaires : 3 A. M., 2 P. C.

230    . 5. Ecu de Savoie, accompagné d'annelets en chef et en pointe; ✶ PHILIPVS DVX SABAV..., entre deux grenetis.

*R/* P gothique, accompagné de quatre annelets; ✶ IN ◦ TE ◦ DONE ◦ COFIDO ◦ P ◦, entre deux grenetis.

Fort qui diffère des précédents par la légende du revers. Billon. 66 centigrammes (13 grains). — 1 exemplaire P. C.

231    6. Ecu de Savoie, dans un contour formé de quatre lobes; ✠ PHILIPVS ∘ DVS ∘ SBD ∘ P̣ ∘ C, entre deux grenetis.

*R/* Croix accompagnée d'une croisette aux 1ᵉʳ et 4ᵉ quartiers; ✠ SABAVDIE ∘ ET ∘ P, entre deux grenetis.

PROMIS, pl. III, n° 8. Maille frappée à Chambéry. Billon. 1 gramme 06 (21 grains). — 4 exemplaires : 3 A. M., 1 P. C.

232    7. FERT, en caractères gothiques; ✠ PHILIPVS ∘ DVX ∘ SABAV  B.

*R/* Croix tréflée; ✠ A  DO  FACTVM ∘ EST ∘ ISTVD ∘, entre deux grenetis.

RABUT F., *2ᵉ Notice*, pl. I, n° 9. Denier viennois frappé à Bourg, signalé par M. Promis, p. 158 du tome I de ses *Monete di Savoia*. Billon. 84 centigrammes (16 grains). — 6 exemplaires : 4 P. C., 2 A. M.

233    8. Ecu de Savoie; ✠ PHILIPVS ∘ DVX ∘ S ∘ B ∘ B ∘ G-G, entre deux grenetis.

*R/* Croix fleuronnée, cantonnée d'un point aux 1ᵉʳ et 4ᵉ quartiers; ✠ SABAVDIE ∘ ET ∘ P., entre grenetis.

Fort frappé à Cornavin par Nicolas Gatti. Billon. 79 centigr. (15 grains). — 2 exemplaires : 1 P. C., 1 A. M.

# PHILIBERT II (1497-1504).

234 1. Tête du prince à gauche; ✠ PHILIBTVS ∘ DVX ∘ SABAVDIE ∘ VIII, entre deux grenetis.

R/ Ecu de Savoie surmonté d'un lacs, accosté du mot FE | RT, dans un contour de quatre lobes aboutés, formé d'un grenetis entre deux filets; ✠ IN × TE × DOMINE ⸱ CONFIDO × N. M, entre deux grenetis.

Ducat, variété de Promis, pl. XIII, n° 2, frappé à Verceil. OR. 3 grammes 32 (demi-gros 27 grains). — 1 exemplaire P. C. Prix d'achat : 120 fr.

235 2. Tête du prince à gauche; ✠ PHILIB'TVS ∘ DVX ∘ SABAVDIE ∘ VIII, entre deux grenetis.

R/ Ecu de Savoie, surmonté d'un lacs, accosté du mot FERT, dans un contour de quatre lobes aboutés, formé d'un grenetis entre deux filets; ✠ IN ∘ TE ∘ DOMINE ∘ CONFIDO ∘ G ∘ G, entre deux grenetis.

Variété de Promis, pl. XIII, n° 4. Teston frappé à Cornavin par Nicolas Gatti. AR. 3 grammes 19 ( 2 gros et 30 grains ). — 2 exemplaires P. C.

236 3. FERT, à l'exergue; ✠ PHILIBER ∘ DVX ∘ SABAV ∘ VIII, entre deux grenetis.

*R*/ Croix de S. Maurice; ✠ MARCHIO × IN × ITALIA, entre deux grenetis.

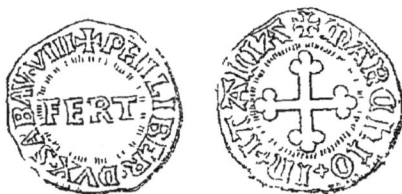

Promis, pl. XIV, n° 10. Quart frappé à Turin. Billon. 84 centigrammes ( 16 grains ). — 1 exemplaire P. C.

237 4. FERT gothique, entre quatre traits parallèles; ✠ PHILIBERTVS · DVX · SA, entre deux grenetis.

*R*/ Croix de S. Maurice; ✠ AVGVSTE · PRETORIE · PRINC · T, entre deux grenetis.

Quart inédit frappé à Turin. Billon. 68 centigrammes ( 13 grains ). — 1 exemplaire. Achat.

238 5. FERT gothique, entre quatre traits parallèles; ✠ PHILIBER : D'X : SABAV, entre deux grenetis.

*R*/ Croix de S. Maurice ; ✠ ET : AVG : PRET : PRIN....., entre deux grenetis.

Quart inédit frappé à Turin, variété du précédent. Billon. 75 centigrammes (15 grains). — 1 exemplaire. Achat.

239      6. P gothique ; ✠ PHILIBERTVS ◦ DVX ◦, entre deux grenetis.

*R*/ Ecu de Savoie ; ✠ SABAVDIE ◦ VIII, entre deux grenetis.

PROMIS, pl. XIV, n° 11. Fort. Billon. 79 centigrammes (15 grains). — 1 exemplaire P. C.

240      7. Ecu de Savoie; ✠ PHILIBERTVS ◦ DVX, entre deux grenetis.

*R*/ Croix pattée ; ✠ SABAVDIE ◦ VIII, entre deux grenetis.

PERRIN, *Monnayage en Savoie*, page 140. Viennois frappé à Turin par Giacomo Cascini. Billon. 63 centigrammes (12 grains). — 1 exemplaire A. M.

# CHARLES II (1504-1553).

241    1. Ecu de Savoie surmonté d'un annelet ; ✤ CARO-
LVS ○ DVX ○ SABAVDIE, II, entre deux grenetis.

R/ Croix pattée, cantonnée de quatre lacs d'amour,
dans un double contour quatrilobé ; ✤ PRINCEPS ○
ET ○ MAR ○ IN · ITALIA ○ T ○ CX, entre deux grenetis.

PROMIS, pl. XIV, n° 4. Viennois frappé à Turin par Giacomo
Cascini. Billon. 2 grammes 01 ( demi-gros et 3 grains). — 1
exemplaire A. M.

242    2. FERT, avec annelet en chef et en pointe ; ✠
CAROLVS ○ DVX ○ SA ○ II, entre deux grenetis.

R/ Croix de S. Maurice, cantonnée d'un annelet
aux 2ᵉ et 3ᵉ quartiers ; ✠ M ○ IN ○ ITALIA ○ T ○ CA-
XIN, entre deux grenetis.

PROMIS, pl. XV, n° 6. Quart frappé à Turin par Giacomo
Cascini. Billon. 74 centigrammes (14 grains). — 2 exemplaires : 1 A. M., 1 P. C.

243    3. FERT, avec annelet en chef et en pointe; ✠
CAROLVS ○ DVX ○ SA ○ II ○, entre deux grenetis.

*R/* Croix de S. Maurice, cantonnée de quatre annelets; ✠ ○ M ○ IN ○ ITALIA ○ T ○ CAXIN, entre deux
grenetis.

Promis, pl. XV, n° 8. Quart frappé à Turin par Giacomo
Cascini. Billon. 69 centigrammes (13 grains). — 2 exemplaires : 1 A. M., 1 P. C.

244    4. K gothique, surmonté de la couronne ducale;
✤ KROLVS · SECVNDVS · DVX · SABAV, entre
deux filets.

*R/* Croix formée de quatre lacs avec une marguerite au milieu, cantonnée des lettres F. E. R. T.;
✤ KBLSY · ET · AVGVSTE · S · R · IMP · PR, entre
deux grenetis.

Promis, pl. XV, n° 10. Billon. 1 gramme 06 (23 grains). —
2 exemplaires : 1 A. M., 1 P. C.

245    5. Ecu de Savoie échancré; ✠ KAROLVS ○ II ○
DVX ○ SABAVDIE, entre un filet et un grenetis.

R/ K gothique, accosté de deux marguerites; ✠ KBLASI ◦ ET ◦ AVG ◦ S ◦ RO ◦ IMP ◦ N ◦ G, entre un filet et un grenetis.

PROMIS, pl. XV, n° 11. Fort. Billon. 58 centigrammes (11 grains) 1 exemplaire très-fruste P. C.

246    6. FERT; ✠ CHAROLVS ◦ D ◦ SABAVDIE ◦ II ◦, entre deux grenetis.

R/ Croix de S. Maurice; ✠ MARCHIO ◦ IN ◦ ITA-LIA ◦ ....., entre deux grenetis.

Quart, variété de PROMIS, pl. XV, n° 15. Billon. 90 centigr. (17 grains). — 1 exemplaire P. C.

247    7. FERT, avec point secret au milieu, entre deux traits parallèles et point carré au-dessous; ✠ KAROLVS · II · DVX · SAB, entre deux grenetis.

R/ Croix de S. Maurice, cantonnée d'un point au premier quartier; ✠ MARCHIO × IN × ITA × CA, entre deux grenetis.

Quart, variété de PROMIS, pl. XVI, n° 17, frappé à Turin par Giacomo Cascini. Billon. 90 centigr. (17 grains). — 1 exemplaire P. C.

248    8. Ecu de Savoie; ✠ CHAROLVS ○ DVX, entre deux grenetis.

*R/* Croix alaisée; ✠ SABAVDIE ○ VIII ○ T, entre deux grenetis.

Denier viennois, variété de PROMIS, pl. XVI, n° 18, dont il diffère par le T indiquant l'atelier de Turin. Billon. 47 centigr. (9 grains). — 1 exemplaire P. C.

249    9. Ecu de Savoie; ✠ KAROLVS, entre deux grenetis.

*R/* Croix pattée; ✠ D × SABAV × G × G, entre deux grenetis.

PERRIN, *Monnayage en Savoie*, page 142. Maille, variété de PROMIS, pl. XVI, n° 19, frappée à Cornavin par Henri Goilaz. Billon. 58 centigrammes (11 grains). — 1 exemplaire P. C.

250 · 10. Le duc, à cheval, portant la couronne ouverte et le bâton de commandement à senestre, le derrière du cheval coupant la légende; au-dessous, un point ouvert; ✠ CA | ROLVS ∘ DVX ∘ SABAVD | IE ∘ II, entre deux filets et un grenetis extérieur.

*R/* Ecu de Savoie avec point secret, accosté du mot FERT, surmonté de la couronne et d'une flamme à six rais; ✠ NIL DEEST ∘ TIMENTIBVS ∘ DEVM ∘ T ∘ B ∘ B, entre deux filets intérieurs, un filet et un grenetis extérieurs.

Ecu au cheval, variété de coin de Promis, pl. XVI, n° 21, frappé à Turin par Bartolomeo Brunasso. OR. 3 grammes 29 (demi-gros et 28 grains). — 1 exemplaire P. C. Prix d'achat : 80 fr.

251 11. Le duc, à cheval, portant la couronne ouverte et le bâton de commandement à senestre, les pieds du cheval coupant en trois la légende; ✠ CAROLVS · D | VX · SABAV | DIE · SECODVS, entre deux grenetis.

*R/* Ecu de Savoie surmonté de la couronne, coupant le mot FERT, avec flamme à huit rais au-dessus; ✠ NIL · DEEST · TIMENTIBVS · DEVM · T · CAXI·, entre deux grenetis.

Perrin, *Monnayage en Savoie,* page 142. Variété de Promis, pl. XVI, n° 21. Ecu au cheval, frappé à Turin par Giacomo Cascini. OR. 3 grammes 29 (demi-gros et 27 grains). — 1 exemplaire P. C. Prix d'achat : 100 fr.

252  12. Ecu de Savoie échancré, fleuronné ; ✠ CAROLVS · DVX · SABAVDIE · II, entre deux filets et un grenetis au pourtour.

*R/* S. Maurice armé, à cheval, portant sa bannière à droite ; ✠ SANCTVS · MAVRICIVS · T · B · B, entre deux filets et un grenetis au pourtour.

Promis, pl. XVI, n° 22. Frappé à Turin par Bartolomeo Brunasso. AR. 8 grammes 61 (2 gros et 19 grains). — 1 exemplaire P. C. Prix d'achat : 22 fr.

253  13. Buste du prince à gauche, coupant le bas de la légende ; ✠ CAROLVS' DV | X | SABAVDIE' II, entre deux filets et grenetis extérieur.

*R/* Ecu de Savoie avec point secret, surmonté d'un lacs, accosté du mot FERT ; ✠ NIL DEST · TIMENTIBVS · DEVM · T · B · B, entre deux filets et grenetis extérieur.

Promis, pl. XVI, n° 23. Denier frappé à Turin par Bartolomeo Brunasso. AR. 9 gr. 1 décigr. ( 2 gros 23 grains ). —
1 exemplaire P. C.

54     14. Tête du prince à gauche, coupant le bas de la
légende ; DVX' SAB' II' CAROLVS, entre deux
filets et grenetis extérieur.

*R/* Ecu de Savoie avec point secret, accosté du
mot FERT, surmonté d'un lacs et d'un annelet ; ✚
NIL DEEST' TIMENTIBVS' DEVM' B' B, entre
deux filets et un grenetis extérieur.

Promis, pl. XVI, n° 24. Denier frappé à Turin par Bartolomeo Brunasso. AR. 8 grammes 98 ( 2 gros 28 grains ). —
1 exemplaire A. M.

55     15. Buste du prince à gauche ; ✚ ⁑ CAROLVS
DVX | SABAVDIE ✶ II ⁑, entre un filet et un grenetis.

*R/* Ecu de Savoie avec point secret, surmonté

d'un lacs et d'un point ouvert, accosté du mot FERT;
✤ ⁑ NIL ⁑ DEEST ⁑ TIMENTIBVS ⁑ DEVM ⁑ V ⚹ I
⚹ P ⚹ F ⁑, entre deux filets intérieurs, un filet et un
grenetis extérieurs.

PERRIN, *Monnayage en Savoie,* page 142. Teston, variété de
PROMIS, pl. XVI, n° 24, frappé à Verceil par Jean-Pierre Ferrari. AR. 8 grammes 98 (2 gros et 27 grains). — 1 exemplaire P. C.

256    16. Tête du prince à gauche, point ouvert der-
rière ; ✤ CAROLVS' DVX' SABAVDIE' SECOND,
entre deux filets et un grenetis extérieur.

*R/* Ecu de Savoie, timbré du heaume fleuronné,
surmonté du cimier de Savoie coupant la légende ;
✤ N | IL DEEST · TIM | ENTIB' ⚬ DEVM | ⚬ B,
entre deux filets peu marqués et un grenetis extérieur.

PROMIS, pl. XVI, n° 25. Demi-teston. AR. 4 grammes 46
(1 gros et 13 grains). — 2 exemplaires : 1 A. M., 1 P. C.

**57**  17. Buste du prince à gauche, coupant le bas de la légende; DVX' SAB' II' CAROLVS, entre un filet et un grenetis.

*R/* Ecu de Savoie avec un point secret, accosté du mot FERT, surmonté d'un lacs et d'un point ouvert; ✤ NIL DEEST, TIMENTIBVS, DEVM, B, B, entre un filet et un grenetis.

PROMIS, pl. XVII, n° 26. Teston. AR. 8 grammes 87 (2 gros et 26 grains). — 2 exemplaires : 1 A. M., 1 P. C. Prix d'achat : 15 fr.

**58**  18. Ecu de Savoie échancré, penché, timbré du heaume fleuronné, surmonté du cimier de Savoie, coupant le bas de la légende; ✤ DVX, SABAVDIE, II, CAROLVS, entre deux filets et un grenetis extérieur.

*R/* S. Maurice à cheval, nimbé, portant un étendard coupant en trois la légende; ○ SANCTVS ○ MAVRICIVS ○ T ○ B ○ B ○, entre deux filets et un grenetis extérieur.

Promis, pl. XVII, n° 28. Cornu (de 5 gros un quart) frappé à Turin par Bartolomeo Brunasso. AR. 4 grammes 77 (1 gros 21 grains). — 2 exemplaires P. C. Prix d'achat : 6 fr.

259    19. Ecu de Savoie échancré, penché, timbré du heaume fleuronné, surmonté du cimier de Savoie coupant la légende; ✣ CAROLVS ∘ DV | X ∘ SA-BAVDIE ∘, entre deux filets et un grenetis extérieur.

*R*/ S. Maurice à cheval, nimbé et portant un étendard coupant en deux la légende, au-dessous un annelet; S ∘ MAVRICIVS ∘ T ∘ BR | V | NAS ∘.

Promis, pl. XVII, n° 29. Denier cornu. AR. 5 grammes 05 (1 gros 23 grains). — 3 exemplaires : 1 A. M., 2 P. C. Prix d'achat : 6 fr.

260    20. Ecu de Savoie échancré, penché, timbré du heaume fleuronné, surmonté du cimier de Savoie cou-

pant la légende ; ✦ CAROLVS, DVX, SABAVDIE,
II, entre deux filets et un grenetis extérieur.

*R/* S. Maurice à cheval, nimbé et portant un étendard coupant en deux la légende, au-dessous un an-
nelet ; S, MAVRICIVS, T, B | RVNAS.

Denier cornu, variété de coin de Promis, pl. XVII, n° 29.
AR. 5 grammes 15 (1 gros 24 grains). — 1 exemplaire P. C.

261    21. FERT, surmonté d'un point ; + CAROLVS ·
DVX · SA · II, entre deux filets intérieurs, un filet
et un grenetis extérieurs.

*R/* Croix de S. Maurice, cantonnée d'un point au
second quartier ; + MAR · IN · ITALIA · T · B · B,
entre deux filets intérieurs, un filet et un grenetis extérieurs.

Promis, pl. XVII, n° 32. Quart frappé à Turin par Bartolomeo Brunasso. Billon. 95 centigrammes (18 grains).— 2 exemplaires A. M.

262    22. FERT, avec point au-dessous ; + CAROLVS ·
DVX · SA · II, entre deux filets intérieurs, un filet et
un grenetis extérieurs.

*R/* Croix de S. Maurice, cantonnée d'un point au
4ᵉ quartier ; + MAR · IN · ITALIA · T · B · B, entre
deux filets intérieurs, un filet et un grenetis extérieurs.

PERRIN, *Monnayage en Savoie*, page 143. Quart frappé à Turin par le même maître. Billon. 85 centigrammes (16 grains).
— 1 exemplaire P. C.

263    23. FERT; + CAROLVS, DVX, SA, II, entre un filet et un grenetis.

*R/* Croix de S. Maurice; + MAR, IN, ITALIA T, B, B, entre deux filets et un grenetis.

Variété de coin des quarts précédents. Billon. 80 centigr. (15 grains). — 1 exemplaire A. M.

264    24. FERT, surmonté d'une étoile à cinq rais; + CAROLVS * DVX * SABAVD * II, entre deux filets et un grenetis extérieur.

*R/* Croix de S. Maurice, étoile à cinq rais au 2ᵉ quartier; + * MAR * IN * ITALIA * V * G * C *, entre deux filets et un grenetis extérieur.

PROMIS, pl. XVII, n° 33. Quart frappé à Verceil par Girardino Cagnassone. Billon. 1 gramme (19 grains). — 1 exemplaire P.C.

265    25. FERT, entre deux lacs d'amour; + CAROLVS · DVX · SAB · II, entre deux doubles filets.

*R/* Croix de S. Maurice, cantonnée d'un point au 1ᵉʳ quartier; + MAR · IN · ITALIA · I · T, entre deux filets.

Promis, pl. XVII, n° 34. Denier fort ou viennois frappé à Turin. Billon. 70 centigr. (13 grains). — 1 exemplaire A. M.

56    26. C gothique, avec point secret au milieu; + CAROLVS, DVX, SAB, II, entre deux doubles filets.

*R/* Ecu de Savoie; + M, IN, ITALIA, T, B, B, entre deux doubles filets.

Promis, pl. XVII, n° 35. Pataque frappée à Turin par Bartolomeo Brunasso. Billon. 53 centigrammes (10 grains). — 1 exemplaire P. C.

57    27. Ecu de Savoie entouré d'un filet; + CAROLVS, DVX, SA, II, entre deux grenetis.

*R/* Croix alaisée; + M, IN, ITALIA, T, B, B, entre grenetis.

Promis, pl. XVIII, n° 36. Viennois du même maître. Billon. 47 centigrammes (9 grains). — 1 exemplaire P. C.

68    28. Ecu de Savoie accosté des écus de Chypre,

. Saxe, Montferrat et Aoste, et cantonné des lettres F |
E | R | T; ✠ KROLVS ⦂ SEC ⦂ DVX ⦂ SABAV-
DIE ⦂, entre deux filets et deux grenetis.

*R/* Croix fleuronnée ; ✠ KBLASI ∘ ET ∘ AVG ∘ S
∘ ROM ∘ IMP ∘ P ∘ C, entre deux filets et deux grenetis.

PERRIN, *Monnayage en Savoie,* page 143. Pièce de 24 au
ducat, variété de coin de PROMIS, pl. XVIII, n° 40. Il n'y a qu'un
point entre les mots de la légende et ROM au lieu de RO au
revers. Billon. 2 grammes 65 (demi-gros et 16 grains). — 1
exemplaire P. C.

269　　29. Ecu de Savoie surmonté de la couronne ducale, accosté de deux lacs d'amour ; + KAROLVS
DVX ⦂ SABAVDIE, entre deux grenetis.

*R/* Croix de S. Maurice, dans un contour formé
de quatre lobes ; + IN ⦂ TE ⦂ DNE ⦂ CONFIDO ⦂ G
⦂ R ⦂, entre deux grenetis.

PROMIS, pl. XVIII, n° 44. Gros de Savoie frappé à Cornavin.
Billon. 1 gramme 91 (demi-gros et 1 grain). — 1 exemplaire
P. C.

0 30. Tête du prince à gauche; CAROLVS · II · DVX · SABAVDIE, entre deux grenetis.

*R/* Ecu de Savoie avec point secret surmonté de la couronne, accosté du mot FERT coupé, croix secrète à droite de la couronne; + MARCHIO × IN × ITALIA × P × G × G, entre deux grenetis.

Perrin, *Monnayage en Savoie,* page 143. Teston frappé à Cornavin par Henri Goulaz. AR. 8 grammes 77 (2 gros et 25 grains). — 1 exemplaire P. C. Prix d'achat : 30 fr.

1 31. Tête du prince à gauche; ✤ CAROLVS : II : DVX : SABAVDIE : IX, entre deux grenetis.

*R/* Ecu de Savoie surmonté de la couronne ducale, accosté du mot FERT (point secret sous l'E); ✤ MARCHIO : IN : ITALIA : PRNC : B : P, entre deux grenetis.

Rabut F., *2e Notice*. Teston frappé à Bourg par Henri Pugniet. AR. 8 grammes 87 (2 gros et 26 grains). — 1 exemplaire P. C. Prix d'achat : 10 fr.

272    32. Lion accroupi tenant l'écu de Savoie échancré, point secret au-dessous; ✤ CAROL · DVX · SAB · CHABL · ET · AVGV, entre deux filets.

*R/* Croix de S. Maurice, cantonnée d'un point au 1ᵉʳ quartier; ✤ SA · RO · IMP · PRIN ˙ VICA · PERP · V · L · F, entre deux filets.

Promis, pl. XIX, nº 55. Gros de Piémont frappé à Verceil par Louis Ferrari. Billon. 1 gramme 75 (33 grains). — 1 exemplaire P. C.

273    33. Ecu de Savoie surmonté de la couronne double; ✤ KROLVS · SECVNDVS, entre deux filets et un grenetis extérieur.

*R/* Croix pattée et fleuronnée; ✤ DVX · SABAVDIE · V ˙, entre deux filets et un grenetis extérieur.

Promis, pl. XX, nº 57. Quart de Piémont frappé à Verceil. Billon. 58 centigrammes (11 grains). — 1 exemplaire.

274    34. Cheval gai à gauche, tête en arrière; + K ·

DVX · SABV · CHABLASY · ET · AVG ·, entre deux grenetis.

R/ Ecu de Savoie fleuronné, surmonté d'une couronne coupant le haut de la légende ; SA · RO · IMP · PRIN · VI · P · F · I, entre deux grenetis.

Cavalot, variété de Promis, pl. XX, n° 58, frappé à Verceil par Jean-Pierre-Ferrari. Billon. 2 gr. 50 centigr. ( demi-gros et 23 grains ). — 1ᵉ exemplaire P. C.

275    35. Cheval gai à gauche, tête en arrière ; ✤ K ⁝ DVX ⁝ SABAVD ⁝ CHABLASI ⁝ ET ⁝ AVG ⁝, entre deux grenetis.

R/ Ecu de Savoie fleuronné, surmonté d'une couronne coupant le haut de- la légende ; SA ⁝ RO ⁝ IMP ⁝ PRIN ⁝ VI ⁝ P ⁝ I, entre deux grenetis.

Variété du précédent. Cavalot. Billon. 2 grammes 97 (demi-gros et 23 grains). — 1 exemplaire. Achat.

276    36. Ecu de Savoie avec point secret dans un contour trilobé ; ✤ CAROLVS, II, DVX, SABAVDI, entre deux grenetis.

R/ Croix pattée, cantonnée de lacs partant du centre, dans un contour formé de quatre lobes ; ✤ MARCHIO, IN, ITALIA, S, M, entre deux grenetis.

Promis, pl. XX, n° 60. Parpaïole. Billon. 2 grammes 07 (demi-gros et 5 grains). — 2 exemplaires : 1 A. M., 1 P. C.

**277** 37. Ecu de Savoie avec point secret, dans un contour trilobé; ✤ KAROLVS ⁸ II ⁸ DVX ⁸ SABAVDI, entre deux grenetis:

*R*/ Croix pattée, cantonnée de lacs, dans un contour formé de quatre lobes; ✤ MARCHIO ⁸ IN ⁸ ITALIA ⁸ C ⁸ T, entre deux grenetis.

Perrin, *Monnayage en Savoie*, page 144. Parpaïole frappée à Turin. Billon. 1 gramme 75 (33 grains). — 2 exemplaires : 1 A. M., 1 P. C.

**278** 38. Ecu de Savoie avec point secret, dans un contour trilobé; ✤ KAROLVS ⁸ DVX ⁸ SABAVD, entre deux grenetis.

*R*/ Croix pattée, cantonnée de lacs, dans un contour formé de quatre lobes; ✤ IN ⁸ TE ⁸ DNE ⁸ CONFIDO ⁸ G-G, entre deux grenetis.

Parpaïole, variété de la précédente, frappée à Cornavin par Goulaz. Billon. 1 gr. 80 centigr. (34 grains). — 2 exemplaires : 1 A. M., 1 P. C.

**279** 39. Ecu de Savoie surmonté de la couronne ducale, accosté de deux lacs; ✤ CAROLVS ° II· ° DVX ° SABAVDIE, entre deux grenetis.

*R/* Croix de S. Maurice, dans un contour formé
de quatre lobes; ✤ ET ○ AVG ○ PRETORIE ○ N ○ V
○ 1552-53, entre deux grenetis.

PROMIS, pl. XXI, n° 66. Gros de Piémont frappé à Aoste par
Nicolas Vialard. Billon. 1 gr. 96 centigr. (37 grains).— 3 exemplaires : 1 P. C., 2 A. M.

280    40. Ecu de Savoie surmonté de la couronne ducale, accosté de deux lacs entourés d'un filet; ✤ CA-
ROLVS ○ II ○ DVX  SABAVDIE, entre deux grenetis.

*R/* Croix de S. Maurice dans un contour formé
de quatre lobes entourés d'un filet; ✤ ET ○ AV-
GVSTE ○ PRETORIE ○ N ○ V, entre deux grenetis.

Gros, variété du précédent, dont le différent est AVGVSTE
en entier avec absence de date. Billon. 1 gr. 91 centigr. (36
grains ). — 2 exemplaires : 1 A. M., 1 P. C.

281    41. FERT, entre quatre traits parallèles entourés
d'un filet; ✤ CAROLVS ⦂ DVX ⦂ SABAVDI, entre
deux grenetis.

*R/* Croix de S. Maurice entourée d'un filet; ✤ ET
⦂ AVG ⦂ PRETORIE ⦂ N ⦂ V, entre deux grenetis.

PROMIS, pl. XXI, n° 67. Quart frappé à Aoste par Nicolas Vialard. Billon. 84 centigrammes (16 grains). — 2 exemplaires A. M.

282    42. FERT, entre quatre traits parallèles; ✤ CAROLVS · DVX · SABAVDIE, entre deux grenetis perlés.

*R/* Croix de S. Maurice; ✤ ET · AVG · PRETORIE · N · V, entre deux grenetis.

Quart, variété de coin du précédent; SABAUDIE est écrit en entier. Billon. 64 centigrammes (12 grains). — 1 exemplaire P. C.

283    43. Ecu de Savoie accosté et surmonté d'annelets; ✤ CAROLVS · DVX · SABA', entre deux grenetis.

*R/* K gothique accosté de deux annelets; ✤ ET · AVG · PRETORIE · N · V, entre deux grenetis.

PROMIS, pl. XXI, nᵒ 68. Fort frappé à Aoste par Nicolas Vialard. Billon. 90 centigrammes (17 grains). — 3 exemplaires: 2 A. M., 1 P. C.

284    44. Ecu de Savoie surmonté d'un lacs; + CAROLVS; DVX, SABAVDIE, II, entre un double filet et un grenetis.

*R/* Croix pattée, dans un contour formé de quatre lobes terminés par des points; + LAVS, TIBI DOMINE, T, BRVNAS, entre un double filet et un grenetis.

P<small>ROMIS</small>, table complémentaire, pl. II, n° 6. Parpaïole frappée
à Turin par Brunasso. Billon. 2 gr. 17 centigr. (41 grains).
— 2 exemplaires : 1 A. M., 1 P. C. Prix d'achat : 5 francs.

285    .45. Ecu de Savoie allongé et fleuronné, accosté
du mot FERT, coupant le bas de la légende ; ✠ CA-
ROLVS, DVX, | SABAVDIE, II, entre deux filets
et un grenetis extérieur.

*R/* S. Maurice casqué et nimbé, à cheval, à dextre, coupant la légende en deux points ; SANCTVS
| ; MAVRICIVS, T, B, B, entre deux filets et un
grenetis extérieur.

P<small>ROMIS</small>, table complémentaire, pl. II, n° 7. Cavalot frappé à
Turin par B. Brunasso. AR. 3 gr. 45 centigr. (65 grains).
— 1 exemplaire P. C. Prix d'achat : 10 francs.

286    46. Ecu de Savoie accompagné de trois annelets ;
+ KAROLVS ⦂ DVX ⦂ SA..., entre grenetis.

*R/* K entouré de quatre annelets ; + MARC... O
⦂ IN ⦂ ITALI, entre grenetis.

Rabut F., *4ᵉ Notice*, nᵒ 4. Maille ou viennois. Billon. 47 centigrammes (9 grains). — 1 exemplaire A. M.

287    47. Tête du prince à gauche ; + CAROLVS × D × SABAVDIE, entre deux grenetis.

*R/* Ecu de Savoie surmonté de la couronne ouverte, 1534 à l'exergue ; + MARCHIO | IN × ITA × G, entre deux grenetis avec filets intérieurs.

Demi-teston inédit, frappé à Turin par Girardino Cagnassone. AR. 4 gr. 10 centigr. (1 gros 5 grains). — 1 exemplaire P. C.

288    48. FERT, entre quatre traits parallèles ; ✤ KAROLVS · DVX · SABAVD, entre deux grenetis ; la plupart des lettres portent sur le grenetis intérieur.

*R/* Croix de S. Maurice ; ✤ IN · TE · DNE · CONFIDO..., entre deux grenetis.

Perrin, *Monnayaye en Savoie*, page 144. Quart. Billon. 79 centigrammes (15 grains). — 1 exemplaire A. M.

289    49. FERT, entre deux traits grenetis ; ✤ KAROLVS · DVX · SABA, entre deux grenetis.

*R/* Croix de S. Maurice ; ✤ IN · TE · COFIDO · B · E, entre deux grenetis.

Perrin, *Monnayage en Savoie*, page 145. Quart. Billon. 79 centigrammes (15 grains). — 1 exemplaire P. C.

290    50. Croix de S. Maurice; ✠ KAROLVS ⦂ DVX ⦂ SABAVD, entre deux grenetis.

*R/* FERT, entre quatre traits parallèles, au-dessous quatre points formant croix; ✠ IN ⦂ TE ⦂ DNE ⦂ CON-FIDO, entre deux grenetis.

PERRIN, *Monnayage en Savoie,* page 145. Quart. Billon. 87 centigrammes (18 grains). — 1 exemplaire P. C.

291    51. Croix alaisée, cantonnée des lettres F, E, R, T; + KAROLVS ⦂ DVX ⦂ SABA, entre grenetis.

*R/* Lacs avec annelets en chef et en pointe; + KA-ROLVS · D · E, entre deux grenetis.

Obole inédite. Billon. 40 centigrammes (8 grains). — 1 exemplaire P. C.

292    52. Croix alaisée, cantonnée des quatre lettres F, E, R, T; + KAROLVS · 'ABA, entre grenetis.

*R/* Lacs entre deux petits anneaux placés perpendiculairement; + SABAV... C · P ·, entre grenetis.

RABUT F., *2e Notice,* pl. I, nº 14. Obole. Billon. 79 centigr. (15 grains). — 1 exemplaire P. C.

293    53. Ecu de Savoie; + CAROLVS ✶ DVX ✶ SAB, entre deux grenetis perlés.

*R/* Croix alaisée, cantonnée d'une étoile au premier quartier; + M ✶ IN ✶ ITALIA ✶ P ✶ F, entre grenetis perlés.

Denier viennois, variété de coin de PROMIS, pl. VIII, nº 37. Billon. 46 centigrammes (9 grains).

294    54. Le prince à cheval, à droite, armé en guerre,

tenant de la droite un pennon portant la croix de Savoie ; KROLVS : | : II : DVX : S, entre un filet et un grenetis.

*R/* Ecu de Savoie surmonté de la couronne ; ✤ MARCHIO ˟ IN ˟ ITALIA ˟ P (ou R) ˟ C ˟ F, entre deux grenetis.

Ecu d'or inédit. OR. 3 gr. 25 centigr. ( demi-gros et 25 grains ). — 1 exemplaire. Echange.

# EMMANUEL-PHILIBERT (1553-1580).

295    1. Ecu de Savoie chargé d'un lambel, accosté de deux marguerites, surmonté d'une couronne ducale ; ✤ E · PHILIBERTVS · DE · SABAVDIA, entre un double filet intérieur, un filet et un grenetis extérieurs.

*R/* Croix de S. Maurice formée de quatre angles droits terminés par des trèfles ; ✤ PRINCEPS · PEDEMON · CO · AST · N, entre un double filet intérieur, un filet et un grenetis extérieurs.

PROMIS, pl. XXI, n° 2. Double gros frappé à Asti. AR. 2 gr.
81 centigrammes (53 grains). — 1 exemplaire P. C. Prix d'achat : 10 francs.

296    2. Cheval gai à gauche, tête en arrière ; ✣ EM ፧
PHILIBERTVS ፧ DE ፧ SABAVDIA, entre deux grenetis.

*R/* Ecu de Savoie fleuronné, chargé d'un lambel
coupant le haut de la légende ; ✣ PRINC ፧ PEDE-
MON ፧ CO ፧ AST *, entre deux grenetis.

PROMIS, pl. XXI, n° 3. Cavalot frappé à Asti. Billon 2 gr.
76 centigrammes (52 grains). — 1 exemplaire P. C. Prix d'achat : 4 francs.

297    3. Lion accroupi à dextre, tête à senestre, appuyé
sur un écu de Savoie découpé et chargé d'un lambel ;
✣ EM ፧ PHILIBERTVS ፧ DE ፧ SABAVD, entre deux
filets.

*R/* Croix de S. Maurice ; ✣ PRINCEP ፧ PEDE-
MON ፧ CO ፧ AST *, entre deux filets.

Promis, pl. XXI, n° 4. Gros de Piémont frappé à Asti. Billon.
1 gr. 54 centigr. (29 grains). — 2 exemplaires : 1 A. M., 1 P.C.

**298**     4. Lion accroupi à dextre, tête à senestre, appuyé
sur un écu de Savoie fleuronné et chargé d'un lambel;
✤ EM · PHILIBERTVS · DE · SABAVD, entre deux
filets.

*R/* Croix de S. Maurice ; ✤ EM · PHILIBERTVS
· DE · SABAVD *, entre deux filets.

Perrin, *Monnayage en Savoie,* page 146. Gros de Piémont
au type de Promis, n° 4, où la formule est la même sur les
deux faces. Billon. 1 gr. 16 centigr. (22 grains). — 1 exemplaire P. C.

**299**     5. Ecu de Savoie surmonté d'une couronne, accosté du mot FERT; ✤ E ⦂ PHILIBERTVS ⦂ DVX ⦂
SABAVDIE, entre deux grenetis.

*R/* Croix de S. Maurice, dans un contour formé
de quatre demi-cercles aboutés et tréflés; ✤ AVXI-
LIVM ⦂ MEVM ⦂ A DOMINO, 1555, entre deux grenetis.

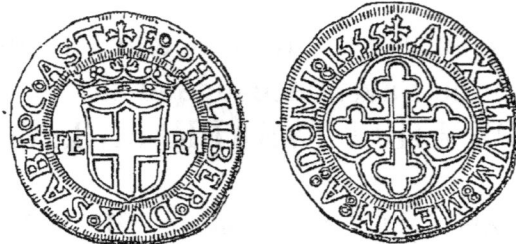

Perrin, *Monnayage en Savoie*, page 146. Denier de 4 gros, variété de Promis, pl. XXII, n° 11, à légendes plus complètes. Billon. 4 gr. 30 centigr. (1 gros et 19 grains). — 2 exemplaires : 1 A. M., 1 Achat.

300    6. Cheval gai à gauche, tête en arrière, une étoile au-dessous; ✤ E ⦂ PHILIBERTVS ⦂ DVX ⦂ SABAVDI, entre deux grenetis.

*R/* Ecu de Savoie fleuronné, surmonté de la couronne ducale coupant le haut de la légende; PRINC⦂ PEDEMON ⦂ CO ⦂ AST⦂, entre deux grenetis.

Perrin, *Monnayage en Savoie*, page 146. Cavalot frappé à Chambéry, variété de Promis, pl. XXII, n° 12. Billon. 2 gr. 07 centigr. (51 grains). — 2 exemplaires : 1 P. C., 1 Achat.

301    7. FERT, entre deux lacs; * E ° PHILIBER ° DVX ° SABA °, entre deux grenetis.

*R/* Croix de S. Maurice; * PR : PEDEM : COMES ⦂ AST, entre deux grenetis.

Perrin, *Monnayage en Savoie*, page 146. Quart, variété de Promis, pl. XXII, n° 14, dont il diffère par la légende du revers. Billon. 55 centigr. (14 grains). — 1 exemplaire A. M.

15

302    8. Ecu de Savoie avec point secret au milieu, surmonté de la couronne, accosté de deux lacs, entouré
d'un filet; ✠ E ∘ PHILIBERTVS ∘ DVX ∘ SABAV,
entre deux grenetis.

*R/* Croix de S. Maurice, dans un contour de quatre
lobes, entouré d'un filet; ✠ ET ∘ AVG ∘ PRETORIE
∘ N ∘ V ∘, 1554 (1555 et 1558), entre deux grenetis.

PROMIS, pl. XXIII, n° 17. Gros frappé à Aoste, en 1554.
Billon. 1 gr. 90 centigr. (36 grains). — 3 exemplaires de
trois dates différentes : 1 A. M., 2 P. C.

303    9. FERT gothique, entre quatre traits parallèles,
entouré d'un filet; ✠ E : PHILIBER : DVX : SA-
BAV, entre deux grenetis.

*R/* Croix de S. Maurice; ✠ ET : AVG : PRE-
TORIE : N : V, entre deux grenetis.

PROMIS, pl. XXIII, n° 18. Quart d'un coin différent par l'ad-
dition du V à SABAV. Billon. 79 centigrammes (15 grains).
— 12 exemplaires P. C. et A. M.

304    10. FERT gothique, entre quatre traits parallèles, entouré d'un filet; E · PHILIBERTVS · DVX · SA, entre deux grenetis.

*R/* Croix de S. Maurice; ✠ ET · AVG · PRE-TORIE · N · V, entre deux grenetis.

PERRIN, *Monnayage en Savoie,* page 146. Quart, variété du précédent; le nom du prince est en entier dans la légende. Billon. 74 centigrammes (14 grains). — 1 exemplaire P. C.

305    11. Ecu de Savoie accompagné de trois annelets; ✠ E · PHILIBER · DVX · SVBA, entre deux grenetis.

*R/* PE unis, accompagnés de quatre points ouverts; ✠ ET : AVG : PRETORIE : N : V, entre deux grenetis.

PROMIS, pl. XXIII, n° 19. Fort frappé à Aoste. Billon. 69 centigrammes (13 grains). — 2 exemplaires : 1 A. M., 1 Achat. Ce dernier, d'un coin différent, porte SVBA au lieu de SABA.

306    12. Ecu de Savoie accompagné de trois annelets, point secret; + E ⁙ PHILIBER ⁙ DVX ⁙ SAB, entre deux grenetis.

*R/* P gothique, accompagné de trois annelets; + ET ∘ AVG ∘ PRETORIE ∘ N ∘ V, entre deux grenetis.

PERRIN, *Monnayage en Savoie,* page 146. Fort frappé à Aoste. Billon. 65 centigrammes (15 grains). — 1 exemplaire P. C.

**307**　13. Ecu de Savoie avec point secret, accompagné de trois annelets; + E · PHILIBER · DVX · SAB, entre deux grenetis.

*R/* P gothique, accompagné de quatre annelets; + AVXILIVM · MEVM · DOM, entre deux grenetis.

Perrin, *Monnayage en Savoie,* page 146. Quart. Billon. 85 centigrammes (16 grains). — 2 exemplaires P. C.

**308**　14. Ecu de Savoie accompagné de quatre annelets; + E · PHILIBER · DVX'....., entre deux grenetis.

*R/* P gothique, accompagné de quatre annelets; + IN · TE · DNE · CONFIDO · NV ·, entre deux grenetis.

Perrin, *Monnayage en Savoie,* page 147. Quart frappé à Aoste. Billon. 85 centigr. (16 grains). — 1 exemplaire P. C.

**309**　15. Ecu de Savoie penché, timbré d'un heaume fleuronné, surmonté du cimier de Savoie coupant la légende; ✤ ⁝ | E ⁝ PHILIBERTVS ⁝ DVX ⁝ SABAVD, entre un filet et un grenetis intérieur et un grenetis extérieur.

*R/* Croix de S. Maurice entourée d'un filet; ✤ AVXILIVM ⁝ MEVM ⁝ A ⁝ DOMINO ⁝ 1555, entre deux grenetis.

Promis, pl. XXIII, n° 20. Pièce de 3 gros. Billon. 3 gr. 50 centigrammes (66 grains). — 1 exemplaire P. C.

310 16. Ecu de Savoie penché, timbré d'un heaume, surmonté du cimier de Savoie coupant la légende; ✠ E ⦂ PHILIBERTVS ⦂ DVX ⦂ SABAV, entre un filet et un grenetis intérieur et un grenetis extérieur.

*R/* Croix de S. Maurice avec point secret, entourée d'un filet; ✠ AVXILIVM ⦂ MEVM ⦂ A ⦂ DOMINO ⦂ 1555, entre deux grenetis.

Perrin, *Monnayage en Savoie,* page 147. Pièce de 3 gros, variété de la précédente. Billon. 2 gr. 80 centigr. (53 grains). — 1 exemplaire P. C.

311 17. Ecu de Savoie, penché, timbré du heaume, surmonté du cimier de Savoie coupant la légende; ✠ E ⦂ P | HILIBERTVS ⦂ DVX ⦂ SABAVDIE, entre deux grenetis.

*R/* Croix de S. Maurice; ✠ AVXILIVM ⦂ MEVM ⦂ A DOMINO ⦂ 1558, entre deux grenetis.

Perrin, *Monnayage en Savoie,* page 147. Pièce de 3 gros, variété des précédentes. Billon. 2 gr. 90 centigr. (55 grains).— 2 exemplaires : 1 A. M., 1 P. C. Prix d'achat : 5 fr.

312 18. Ecu de Savoie surmonté de la couronne, accosté du mot FERT, entouré d'un filet; ✠ E ⦂ PHILI-BERTVS ⦂ DVX ⦂ SABAVDIE, entre deux grenetis.

*R/* Croix de S. Maurice, dans un contour formé de quatre lobes aboutés et tréflés, entourée d'un filet; ✠ AVXILIVM ⦂ MEVM ⦂ A DOMINO ⦂ 1559, entre deux grenetis.

PROMIS, pl. XXIII, n° 21. Pièce de 4 gros. Billon. 5 gr. 20
centigrammes (1 gros 26 grains). — 3 exemplaires : 1 A. M.,
2 P. C.

313    19. Ecu de Savoie, point secret dans la croix, surmonté de la couronne, accosté du mot FERT ; ✿ E ⦂
PHILIBERTVS ⦂ DVX ⦂ SABAVDIE, entre deux
grenetis.

*R/* Croix de S. Maurice, dans un contour formé
de quatre lobes aboutés et tréflés ; ✿ AVXILIVM ⦂
MEVM ⦂ A DOMINO, 1556 (1558), entre deux grenetis.

PERRIN, *Monnayage en Savoie,* page 147. Pièce de 4 gros,
variété de coin de la précédente. Billon. 5 gr. 20 centigr. (1
gros et 25 grains). — 5 exemplaires P. C.

314    20. Ecu aux armes du duc, surmonté d'une couronne coupant le haut de la légende ; à l'exergue B
entre quatre points ; E ⦂ PHILIBE | R ⦂ D ⦂ SABAV,
entre deux grenetis.

*R/* Croix de S. Maurice ; ✿ AVXILIVM ⦂ MEVM ⦂
A DOMINO ⦂ L ⦂ 1560, entre deux grenetis.

Perrin, *Monnayage en Savoie,* page 147. Pièce de 3 gros, frappée à Bourg, variété de coin de Promis, pl. XXIII, n° 22, ainsi que la suivante. Billon. 3 gr. 35 centigr. (63 grains). — 1 exemplaire A. M.

315  21. Ecu aux armes du prince, surmonté de la couronne coupant le haut de la légende; E ⁒ PHILIBERTVS ⁒ DVX ⁒ SABAV, entre deux grenetis.

*R/* Croix de S. Maurice; ✠ AVXILIVM ⁒ MEVM ⁒ A DOMINO ⁒ N ⁒ 1560, entre deux grenetis.

Perrin, *Monnayage en Savoie,* page 147. Pièce de 3 gros, frappée à Nice. Billon. 3 gr. 35 centigrammes (63 grains). — 1 exemplaire P. C.

316  22. Ecu aux armes du prince, surmonté de la couronne coupant le bas de la légende, d'où elle part; E ⁒ PHILIBERTVS ⁒ DVX ⁒ SABAVD, entre deux grenetis.

*R/* Croix de S. Maurice; ✠ AVXILIVM ⁒ MEVM ⁒ A DOMINO, 1560, entre deux grenetis.

Perrin, *Monnayage en Savoie,* page 147. Pièce de 2 gros. Billon. 2 gr. 85 centigr. (54 grains). — 1 exemplaire P. C.

317  23. Ecu de Savoie surmonté de la couronne; ✠ E ∘ PHILIBERTVS ∘ DVX ∘ SABAVDIE, entre un filet et un grenetis.

*R/* Croix avec point secret au milieu, formée de quatre angles droits à extrémités tréflées; ✠ KBLASI ○ ET ○ AVG ○ RO ○ IMP ○ VI ○ PERR ○ PI, entre un filet et un grenetis.

PROMIS, pl. XXIII, n° 23. Pièce de 2 gros. Billon. 2 gr. 75 centigrammes (52 grains). — 1 exemplaire P. C.

318  24. Ecu de Savoie surmonté de la couronne coupant le haut de la légende; ✠ E ○ | PHILIBER ○ DVX ○ SABAV | DI, entre un double filet et un grenetis.

*R/* Croix, avec point secret au milieu, formée de quatre angles droits, aux extrémités tréflées; ✠ KBLASI ○ ET ○ AVG ○ RO ○ IMP ○ VI ○ PER ○ P, entre un double filet et un grenetis.

PERRIN, *Monnayage en Savoie,* page 148. Pièce de 2 gros, variété de coin de la précédente. Billon. 2 gr. 97 centigr. (56 grains). — 2 exemplaires A. M.

319  25. Ecu de Savoie, avec point secret, surmonté de la couronne coupant le haut de la légende; ✠ E ○ | PHILIBER ○ DVX ○ SABAV | DI, entre un double filet et un grenetis.

*R/* Croix, avec point secret au milieu, formée de quatre angles aux extrémités tréflées; ✠ E ○ PHILIBERTVS ○ DEI ○ GRATIA, entre un filet et un grenetis.

Perrin, *Monnayage en Savoie*, page 148. Pièce de 2 gros, variété de coin du n° 24. Billon. 2 gr. 86 centigr. (55 grains). — 1 exemplaire A. M.

320    26. Ecu de Savoie, surmonté et accosté de lacs; ✠ E ⁞ PHILIBERT ∘ DVX ∘ SABÁVDIE, entre deux grenetis.

*R/* Croix de S. Maurice, dans un contour de quatre lobes aboutés; ✠ KBLASI ∘ AVG ∘ SA ∘ RO ∘ IMP ∘, entre deux grenetis.

Promis, pl. XXIII, n° 25. Gros. Billon. 2 grammes (39 grains). — 4 exemplaires : 2 A. M., 2 P. C.

321    27. FERT gothique, entre quatre traits parallèles; ✠ E ⁞ PHILIBER ⁞ DVX ⁞ SABAV, entre deux grenetis.

*R/* Croix de S. Maurice; ✠ AVXILIVM ⁞ MEVM ⁞ A DOMI, entre deux grenetis.

Promis, pl. XXIV, n° 27. Quart frappé à Chambéry. Billon. 1 gr. 6 centigr. (20 grains). — 5 exemplaires : 2 A. M., 3 P. C.

322    28. FERT gothique, entre quatre traits parallèles, au-dessous ° B °; ✤ E ⁝ PHILIBER ⁝ DVX ⁝ SA-BAV, entre deux grenetis.

*R/* Croix de S. Maurice; ✤ AVXILIVM ⁝ MEVM ⁝ A DOMI, entre deux grenetis.

Perrin, *Monnayage en Savoie,* page 148. Quart frappé à Bourg. Billon. 79 centigrammes (15 grains). — 1 exemplaire A. M.

323    29. Initiales du prince liées, surmontées d'une étoile, accompagnées de trois points ouverts, entourées d'un filet et d'un grenetis.

*R/* Ecu de Savoie, accompagné de quatre points ouverts, entouré d'un filet et d'un grenetis.

Promis, pl. XXIV, n° 28. Fort frappé à Chambéry. Billon. 47 centigrammes (9 grains). — 1 exemplaire A. M.

324    30. Tête du prince à droite; ✤ E ⁊ PHILIBERT ⁊ DVX ⁊ SABAVDIE, entouré d'un grenetis.

*R/* Ecu écartelé, aux armes du prince, surmonté de la couronne, V au bas, et à l'exergue ⁊ 1559 ⁊; ✤ AVXILIVM ⁊ ME | VM ⁊ A DOMINO, entouré d'un grenetis.

Promis, pl. XXIV, n° 29, Teston frappé à Verceil. AR. 8 gr. 49 centigrammes (2 gros et 16 grains). — 2 exemplaires : 1 A. M., 1 P. C. Prix d'achat : 12 fr. 50.

**325**  31. Tête du prince à droite ; ✿ E 2 PHILIBERT 2 DVX 2 SABAVDIÆ, entourée d'un grenetis.

*R/* Ecu écartelé, aux armes du prince, surmonté de la couronne, V au bas, et à l'exergue 2 1561 2 ; ✿ AVXILIVM 2 ME | VM 2 A DOMINO 2 F, entouré d'un grenetis.

Perrin, *Monnayage en Savoie,* page 148. Teston, variété de coin du précédent, frappé à Verceil. AR. 8 gr. 97. centigr. (2 gros et 25 grains). — 1 exemplaire P. C.

**326**  32. Tête du prince à gauche, sans collier (au-dessous un lacs ) ; ○ ✿ ○ E ○ PHILIBERTVS ○ DVX ○ SABAVDIE, entre deux filets et un grenetis extérieur.

*R/* Ecu aux armes du prince, surmonté de la couronne, à l'exergue ○ 1560 ○ A ○ ; légende : AVXI-LIVM ○ MEVM ○ A DOMINO, entre deux filets et un grenetis extérieur.

Perrin, *Monnayage en Savoie,* page 148. Teston, variété de coin des précédents, frappé à Asti. AR. 8 gr. 71 centigr. (2 gros et 20 grains). — 1 exemplaire P. C. Prix d'achat : 12 fr. 50.

327     33. Cheval gai à gauche, tête à droite, trois points unis au-dessous; ✠ E ⁚ PHILIBERTVS ⁚ DVX ⁚ SA-BAVDI, entre grenetis.

*R/* Ecu de Savoie fleuronné, surmonté de la couronne coupant le haut de la légende; SA ⁚ RO ⁚ IMP ⁚ PRIN ⁚ VI ⁚ P ⁚ 1554, entre grenetis.

PROMIS, pl. XXIV, n° 30. Cavalot frappé à Verceil. Billon. 2 gr. 76 centigrammes (52 grains). — 1 exemplaire P. C.

328     34. Cheval gai à gauche, tête à droite, point secret; ✠ E ⁚ PHILIBERTVS ⁚ DVX ⁚ SABAV, entre grenetis très-fins.

*R/* Ecu de Savoie fleuronné, point secret dans la croix, surmonté d'une couronne; SA ⁚ RO ⁚ IMP ⁚ PRIN ⁚ VI ⁚ P ⁚ 1550, entre grenetis très-fins.

PERRIN, *Monnayage en Savoie*, page 148. Cavalot frappé à Verceil, variété du précédent. Billon. 2 gr. 65 centigrammes (50 grains). — 1 exemplaire A. M.

329     35. Lion accroupi à droite, tête à gauche, appuyé sur un écu de Savoie fleuronné; EM ⁚ PHILIBER ⁚ DE ⁚ SABAVD ⁚, entre filets entourés d'un grenetis.

*R/* Croix de S. Maurice; ✠ EM ⁚ PHILIBERTVS ⁚ DE ⁚ SABAVD ⁚, entre filets entourés d'un grenetis.

PERRIN, *Monnayage en Savoie,* page 149. Gros, variété de PROMIS, pl. XXIV, n° 31. Billon. 1 gr. 64 centigrammes (31 grains). — 1 exemplaire P. C.

330    36. Tête du prince à gauche, croisette au-dessous; ✸ EM ◦ FILIB ◦ D ◦ G ◦ DVX ◦ SAB ◦ P ◦ PED ◦ 1562 ◦, entre un double filet et un filet et un grenetis perlé.

*R/* INSTAR ◦ OMNIVM, entourés d'une couronne de chêne, T à l'exergue, entourés d'un filet et d'un grenetis perlé.

PERRIN, *Monnayage en Savoie,* page 149. Livre de 3 à l'écu, variété de PROMIS, pl. XXIX, n° 36, frappée à Turin. AR. 12 grammes 26 centigr. (3 gros et 15 grains). — 2 exemplaires : 1 A. M., 1 P. C. Prix d'achat : 6 fr.

331    37. Tête du prince à gauche, croisette au-dessous; ✸ EM ◦ FILIB ◦ D ◦ G ◦ DVX ◦ SAB ◦ P ◦ PED ◦

1563 °, entre un double filet et un filet et un grenetis
perlé.

*R/* INSTAR ° OMNIVM, entourés d'une couronne
de chêne, V à l'exergue, entourés d'un filet et d'un
grenetis perlé.

Perrin, *Monnayage en Savoie,* page 149. Livre de 3 à l'écu,
variété de la précédente, frappée à Verceil. AR. 12 gr. 26
centigrammes (3 gros et 15 grains). — 1 exemplaire P. C.

332    38. Tête du prince à gauche ; ✤ EM ° FILIB ° D °
G ° DVX ° SAB ° P ° PED ° 1562 °, entre un double
filet et un grenetis perlé.

*R/* INSTAR ° OMNIVM, entourés d'une couronne
de chêne, P à l'exergue, entourés d'un filet et d'un
grenetis perlé.

Perrin, *Monnayage en Savoie,* page 149. Livre de 3 à l'écu,
variété des précédentes, frappée à Pignerol. AR. 12 gr. 10
centigrammes (3 gros et 12 grains). — 1 exemplaire P. C.
Prix d'achat : 6 fr.

333    39. Ecu écartelé, aux armes du prince, surmonté
d'une couronne et accosté du mot FERT, une étoile
en pointe ; ✤ EM ° FILIB ° D ° G ° DVX ° SABAV-
DIE ° P ° PED, entre un double filet et un filet et un
grenetis.

*R/* Croix de S. Maurice, dans un double contour
de quatre lobes tréflés ; ✤ IN ° TE ° DOMINE ° CON-
FIDO ° A ° M ° 1563 (1564), entre un double filet et
un filet et un grenetis.

Perrin, *Monnayage en Savoie,* page 149. Pièce de 4 sols, variété de Promis, pl. XXV, n° 39, ainsi que les suivantes, frappée à Chambéry par André Morel. Billon. 4 gr. 99 centigrammes (1 gros et 22 grains). — 1 exemplaire P. C. Prix d'achat : 2 fr.

334    40. Ecu écartelé, aux armes du prince, surmonté de la couronne et accosté du mot FERT, un T au bas ; ✠ EM ◦ FILIB ◦ D ◦ G ◦ DVX ◦ SABAVDIE ◦ P ◦ PED, entre un double filet et un filet et un grenetis.

*R*/ Croix de S. Maurice, dans un double contour de quatre lobes tréflés ; ✠ IN ◦ TE ◦ DOMINE ◦ CON-FIDO ◦ 1573 ◦ T, entre un double filet et un filet et un grenetis.

Perrin, *Monnayage en Savoie,* page 149. Pièce de 4 sols, frappée à Turin en 1573-1576. Billon. 4 gr. 56 centigr. (1 gros et 14 grains). — 3 exemplaires : 2 P. C., 1 A. M. Prix d'achat : 2 francs.

335    41. Ecu écartelé, aux armes du prince, surmonté d'une couronne, accosté du mot FERT coupé, au bas une étoile ; EM ◦ FILIB ◦ D ◦ G ◦ DVX ◦ SABAVDIE ◦ P ◦ PED, entre deux filets et un filet et un grenetis.

*R*/ Croix de S. Maurice, dans un double contour de quatre lobes aboutés et tréflés ; ✠ IN ◦ TE ◦ DO-

MINE ∘ CONFIDO ∘ 1575 ∘ A, entre deux filets et un filet et un grenetis.

PERRIN, *Monnayage en Savoie*, page 149. Pièce de 4 sols, frappée à Chambéry. Billon. 4 gr. 72 centigr. (1 gros et 14 grains). — 2 exemplaires : 1 A. M., 1 P. C.

336  42. Ecu écartelé, aux armes du prince, surmonté de la couronne, accosté du mot FERT coupé, au bas un V; ✤ EM ∘ FILIB ∘ D ∘ G ∘ DVX ∘ SABAVDIE ∘ P ∘ PED, entre deux filets et un filet et un grenetis.

*R/* Croix de S. Maurice, dans un double contour de quatre lobes tréflés ; ✤ IN ∘ TE ∘ DOMINE ∘ CON-FIDO ∘ 1577 ∘ V, entre deux filets et un filet et un grenetis.

PERRIN, *Monnayage en Savoie*, page 149. Pièce de 4 sols, frappée à Verceil. Billon. 4 gr. 56 centigrammes (1 gros et 14 grains). — 3 exemplaires P. C. Prix d'achat : 2 fr.

337  43. Ecu écartelé, aux armes du prince, V et P à
.  l'exergue de 2 exemplaires; EM ∘ FIL | IB ∘ D ∘ G, entouré d'un filet et d'un grenetis.

*R/* Croix fleuronnée ; ✤ DVX ∘ SAB ∘ P ∘ PED ∘ 1562, entre deux filets et un filet et un grenetis.

PROMIS, pl. XXV, n° 40. Sol de 60 à l'écu, frappé à Verceil et à Pignerol. Billon. 1 gr. 22 centigrammes (24 grains). — 7 exemplaires : 1 A. M., 6 P. C.

**338** 44. Les initiales du prince, séparées par une rose, surmontées de la couronne formant le haut d'une croix dont le centre et les autres branches sont formés par des roses, dans un grenetis.

*R/* Croix de S. Maurice, dans un double contour formé de quatre lobes aboutés, les angles intérieurs terminés par des points, dans un grenetis.

Promis, pl. XXV, n° 41. Quart de sol. Billon. 74 centigr. (14 grains). — 2 exemplaires : 1 A. M., 1 P. C.

**339** 45. Initiales du prince surmontées d'une couronne formant croix avec trois roses et une fleur à six pétales bilobés, entourées d'un filet et d'un grenetis.

*R/* Croix de S. Maurice, dans un double contour à quatre lobes, points aux angles intérieurs, un B porte sur les deux cercles au bas; entourée d'un filet et d'un grenetis.

Perrin, *Monnayage en Savoie,* page 150. Quart de sol frappé à Bourg. Billon. 79 centigrammes (15 grains). — 2 exemplaires A. M.

**340** 46. Initiales du prince surmontées d'une couronne formant croix avec quatre roses, dont l'inférieure a un point au-dessous; entourées d'un filet et d'un grenetis.

*R/* Croix de S. Maurice, dans un double contour de quatre lobes aboutés, points aux angles intérieurs, un B au bas porte sur les deux cercles; entourée d'un filet et d'un grenetis.

RABUT F., *2e Notice*, pl. II, n° 6. Quart de sol frappé à Bourg. Billon. 84 centigrammes (16 grains). — 1 exemplaire A. M.

341　　47. Les initiales du prince, surmontées de la couronne formant croix avec quatre roses, dont l'inférieure est accostée de deux points, entourées d'un filet et d'un grenetis.

*R*/ Croix de S. Maurice, dans un double contour formé de quatre demi-cercles aboutés avec points aux angles intérieurs et extérieurs, au bas un B porte sur le double cercle; entourée d'un filet et d'un grenetis.

PERRIN, *Monnayage en Savoie,* page 149. Quart de sol frappé à Bourg en 1577. Billon. 1 gr. 11 centigr. (21 grains). — 4 exemplaires : 2 A. M., 2 P. C.

342　　48. Les initiales du prince, surmontées d'une couronne formant croix avec quatre roses, entourées d'un filet et d'un grenetis.

*R*/ Croix de S. Maurice, dans un double contour formé de quatre lobes aboutés avec points aux angles intérieurs et extérieurs, un B porte sur le double cercle en bas; entourée d'un filet et d'un grenetis.

PERRIN, *Monnayage en Savoie,* page 149. Quart de sol frappé à Bourg. Billon. 79 centigrammes (15 grains). — 2 exemplaires A. M.

343　　49. Les initiales du prince, surmontées d'une couronne formant croix avec quatre roses, celle du bas accostée de deux points, entourées d'un filet et d'un grenetis.

*R/* Croix de S. Maurice, dans un double contour formé de quatre lobes aboutés avec points aux angles intérieurs et extérieurs, un C porte sur double cercle en haut; entourée d'un filet et d'un grenetis.

PERRIN, *Monnayage en Savoie,* page 149. Quart de sol frappé à Chambéry. Billon. 47 centigrammes (9 grains). — 1 exemplaire A. M.

**344** 50. Les initiales du prince, surmontées de la couronne formant le haut d'une croix dont le centre et les trois autres branches sont formés par quatre roses, entourées d'un filet et d'un grenetis.

*R/* Croix de S. Maurice, dans un double contour formé de quatre lobes aboutés avec points aux angles intérieurs, un C porte sur le double cercle; entourée d'un filet et d'un grenetis.

RABUT F., *2e Notice,* pl. II, n° 7. Quart de sol frappé à Chambéry. Billon. 1 gr. 16 centigr. (21 grains). — 3 exemplaires : 2 A. M., 1 P. C.

**345** 51. Les initiales du prince, surmontées d'une couronne formant le haut d'une croix dont le centre et les trois autres côtés sont indiqués par quatre roses, celle du bas est entre deux points placés perpendiculairement; entourées d'un filet et d'un grenetis.

*R/* Croix de S. Maurice, dans un double contour formé de quatre lobes aboutés avec points aux angles intérieurs et extérieurs, un C porte sur le double cercle; entourée d'un filet et d'un grenetis.

Perrin, *Monnayage en Savoie*, page 149. Quart de sol frappé à Chambéry. Billon. 1 gr. 16 centigrammes (22 grains). — 1 exemplaire A. M.

346   52. Un lacs d'amour, posé parallèlement, divise le mot FE | RT, entre un filet et un grenetis.

*R/* Double fleur à cinq pétales, au-dessous un B, entre un filet et un grenetis.

Perrin, *Monnayage en Savoie,* page 150. Denier de 12 au sou, frappé à Bourg, variété de Promis, pl. XXV, n° 42. Billon. 69 centigr. (13 grains). — 2 exemplaires : 1 A. M., 1 P. C.

347   53. Tête du prince à senestre, coupant le bas de la légende ; EM ∘ FILIB ∘ D ∘ G ∘ DVX ∘ SAB ∘ P ∘ PED, entre un double filet et un filet et un grenetis.

*R/* Ecu écartelé, aux armes du prince, fleuronné et surmonté d'une couronne coupant le haut de la légende ; IN ∘ TE ∘ DOMINE ∘ CONFIDO ∘ 1571 ∘ T, entre un double filet et un filet et un grenetis.

Promis, pl. XXVI, n° 45. Double écu d'or frappé à Turin en 1571. OR. 6 gr. 58 centigrammes (1 gros et 52 grains). — 2 exemplaires : 1 A. M., 1 P. C.

348   54. Ecu fleuronné, écartelé, aux armes du prince, surmonté d'une couronne coupant le haut de la lé-

gende ; EM ∘ FILIB ∘ D ∘ G ∘ DVX ∘ SAB ∘ P ∘ PED,
entre deux filets et un filet et un grenetis.

R/ Croix fleuronnée, cantonnée du mot FERT ; ✿
IN ∘ DOMINO ∘ CONFIDO ∘ 1571 ∘ T. I. B, entre
deux filets et un filet et un grenetis.

PERRIN, *Monnayage en Savoie,* page 150. Ecu d'or frappé à
Pignerol, variété de PROMIS, pl. XXVI, n° 46. OR. 3 gr. 13
centigr. (59 grains). — 1 exemplaire P. C. Prix d'achat : 25 fr.

349    55. Ecu fleuronné, écartelé, aux armes du prince,
surmonté d'une couronne coupant le haut de la légende ; EM ∘ FILIB ∘ D ∘ G ∘ DVX ∘ SAB ∘ P ∘ PED,
entre deux filets et un filet et un grenetis.

R/ Croix fleuronnée, cantonnée du mot FERT et
d'une croisette au premier quartier ; ✳ IN ∘ DOMINO
∘ CONFIDO ∘ 1571 ∘ P, entre deux filets et un filet et
un grenetis.

PERRIN, *Monnayage en Savoie,* page 150. Ecu d'or frappé à
Pignerol, variété de coin du précédent. OR. 3 gr. 2 centigr.
(57 grains). — 1 exemplaire P. C. Prix d'achat : 22 fr. 50.

350    56. Ecu fleuronné, écartelé, aux armes du prince,
surmonté d'une couronne coupant le haut de la légende ; EM ∘ FILIB ∘ D ∘ G ∘ DVX ∘ SAB ∘ P ∘ PED,
entre deux filets et un filet et un grenetis.

*R*/ Croix fleuronnée, cantonnée du mot FERT ;
❋ IN ° DOMINO ° CONFIDO ° 1565 ° A ° M, entre
deux filets et un filet et un grenetis.

PERRIN, *Monnayage en Savoie*, page 150. Ecu d'or frappé à
Chambéry par André Morel. OR. 3 gr. 29 centigr. (62 grains).
— 1 exemplaire acquis en 1868. Prix d'achat : 26 fr.

351     57. Ecu écartelé, aux armes du prince, surmonté
d'une couronne coupant le haut de la légende ; EM °
FILIB ° D ° G ° DVX ° SAB ° P ° PED, entre deux
filets et un filet et un grenetis.

*R*/ Petite croix de S. Maurice, cantonnée d'une
croix de S. Lazare et du mot FERT ; ❋ M ° MAG °
ORD ° SS ° MAVR ° ET ° LAZ ° 1571 ° T °, entre
deux filets et un filet et un grenetis.

PROMIS, pl. XXVI, n° 47. Ecu d'or frappé à Turin. OR. 3 gr.
8 centigrammes ( 58 grains ). — 1 exemplaire P. C. Prix d'a-
chat : 40 fr.

352     58. Ecu écartelé, aux armes du prince, surmonté
d'une couronne coupant la légende, en pointe une
marguerite ; EM · FILIB · D · G · DVX · SAB · P ·
PED, entre deux filets et un filet et un grenetis.

*R*/ Petite croix de S. Maurice, cantonnée d'une
croix de S. Lazare touchant à la légende, et du mot

FERT; ✠ IN · TE · DOMINE · CONFIDO · 1575 ·
A ·, entre deux filets et un filet et un grenetis.

PERRIN, *Monnayage en Savoie,* page 150. Ecu d'or frappé à
Verceil, variété du précédent. OR. 3 gr. 13 centigrammes (59
grains). — 1 exemplaire acquis en 1868. Prix d'achat : 29 fr.

353    59. Ecusson écartelé, aux armes du prince, occu-
pant tout le centre de la pièce; ✠ EM · FILIB · D ·
G · DVX · SAB · P · PED, entre deux filets et grenetis.

*R/* Croix formée d'un fleuron et de quatre lacs,
cantonnée du mot FERT; ✠ IN · TE · DOMINE ·
CONFIDO · 1576 · T, entre deux filets et grenetis.

PROMIS, pl. XXVI, n° 48. Sol frappé à Turin. Billon. 1 gr.
54 centigr. (29 grains). — 5 exemplaires : 1 A. M., 4 P. C.

354    60. Ecusson fleuronné, aux armes du prince, surmonté d'une couronne, B au-dessous; EM · FILIB ·
D · G · DVX · SABAVDIE, entre un filet et un grenetis.

*R/* Croix de S. Maurice, dans un contour formé
de quatre lobes aboutés, avec points aux angles intérieurs et extérieurs; ✠ IN · TE · DOMINE · CON-
FIDO · 1576 · E · D, entre deux filets et un grenetis
extérieur.

PROMIS, pl. XXVI, n° 49. Sol de 60 à l'écu, frappé à Bourg.
Billon. 1 gr. 59 centigr. (30 grains). — 2 exemplaires P. C.

355    61. Ecusson fleuronné, écartelé, aux armes du prince, surmonté d'une couronne, accosté de deux points, une étoile au bas; EM · FILIB · D · G · DVX · SABAVDIE, entre deux filets et un grenetis extérieur.

*R/* Croix de S. Maurice, dans un contour formé de quatre lobes aboutés avec points aux angles intérieurs et extérieurs; ✠ IN · TE · DOMINE · CONFID · 1563 · A · M, entre deux filets et un grenetis extérieur.

PERRIN, *Monnayage en Savoie,* p. 150. Sol frappé à Chambéry par André Morel. Billon. 1 gr. 69 centigr. (32 grains). — 5 exemplaires : 4 A. M., 1 P. C.

356    62. Ecusson écartelé, aux armes du prince, surmonté d'une couronne, accosté de deux points, une étoile au bas; EM · FILIB · D · G · DVX · SABAVDIE, entre deux filets et un filet et un grenetis.

*R/* Croix de S. Maurice, dans un contour de quatre lobes aboutés avec points aux angles intérieurs et extérieurs; ✠ IN · TE · DOMINE · CONFIDO · 1569 (1570-1576) · E · B, entre un filet et un grenetis extérieur.

Perrin, *Monnayage en Savoie*, page 150. Sol frappé à Chambéry par Etienne Bourges. Billon. 1 gr. 75 centigr. (33 grains). — 4 exemplaires : 2 A. M., 2 P. C. Prix d'achat : 2 fr.

357    63. Ecusson écartelé, aux armes du prince, surmonté d'une couronne, accosté de deux points, une .étoile au bas; EM · FILIB · D · G · DVX · SABAV-DIE, entre deux filets et un filet et un grenetis.

*R*/ Croix de S. Maurice, dans un contour de quatre lobes aboutés avec points aux angles intérieurs et extérieurs; ✠ IN · TE · DOMINE · CONFIDO · 1576 · E · D, entre un filet et un grenetis extérieur.

Sol, variété du précédent, frappé à Chambéry par Emmanuel Dian. Billon. 1 gr. 74 centigrammes (32 grains). — 1 exemplaire A. M.

358    64. Ecusson écartelé, aux armes du prince, A au bas de l'écu; EM · FILIB · D · G · DVX · SABAV-DIE, entre deux filets et un grenetis extérieur.

*R*/ Croix de S. Maurice, dans un contour de quatre lobes aboutés, avec points aux angles intérieurs et extérieurs; ✠ IN · TE · DOMINE · CONFIDO · 1569 · N · V, entre deux filets et un grenetis extérieur.

Perrin, *Monnayage en Savoie,* page 151. Sol frappé à Aoste. Billon. 1 gr. 22 centigr. (23 grains). — 1 exemplaire P. C.

359    65. Ecusson écartelé, aux armes du prince, B au bas de l'écu; EM · FILIB · D · G · DVX · SABAV-DI, entre deux filets et un grenetis extérieur.

*R*/ Croix de S. Maurice, dans un contour de quatre lobes aboutés, avec points aux angles intérieurs et

extérieurs; ✤ IN · TE · DOMINE · CONFIDO · 1569
· P · D, entre deux filets et un grenetis extérieur.

PERRIN, *Monnayage en Savoie*, p. 151. Sol frappé à Bourg.
Billon. 1 gr. 59 centigr. (30 grains). — 1 exemplaire A. M.

360    66. Ecusson fleuronné, écartelé, aux armes du
prince, surmonté d'une couronne et accosté de deux
points, T au bas; EM · FILIB · D · G · DVX · SA-
BAVDIE, entre un filet et un grenetis.

*R/* Croix de S. Maurice, dans un contour formé
de quatre lobes aboutés avec points aux angles intérieurs; ✤ IN · TE · DOMINE · CONFIDO · 1564 ·
T, entre un filet et un grenetis.

Variété de coin du sol de PROMIS, pl. XXVI, n° 49, frappé
à Turin. Billon. 1 gr. 59 centigrammes (30 grains). — 1 exemplaire P. C.

361    67. Ecusson fleuronné, écartelé, aux armes du
prince, couronne au-dessus coupant la légende; EM ·
FILIB · D · G · DVX · SAB · P · P, entre deux filets
et un grenetis extérieur.

*R/* Petite croix de S. Maurice, cantonnée d'une
croix de S. Lazare et du mot FERT; * IN · DOMINO
· CONFIDO · 1580 · V, entre deux filets et un grenetis.

PROMIS, pl. XXVII, n° 51. Double écu d'or frappé à Verceil.
OR. 6 gr. 37 centigr. (1 gros et 48 grains). — 1 exemplaire
P. C. Prix d'achat : 60 fr.

362    68. FERT, entre deux roses; ✤ EM · FILIB · D ·
G · DVX · SAB, entre un filet et un grenetis.

*R/* Croix de S. Maurice ; ✤ P · PEDEM · 1577 ·
V ·, entre un filet et un grenetis.

PROMIS, pl. XXVII, n° 52. Quart de 7 au sol, frappé à Verceil. Billon. 90 centigrammes (17 grains). — 3 exemplaires :
2 P. C., 1 A. M.

363      69. FERT, entre deux roses ; ✤ EM · FILIB · D ·
G · DVX · SAB, entre un filet et un grenetis.

*R/* Croix de S. Maurice ; ✤ P · PEDEM · 1576 ·
T ·, entre un filet et un grenetis.

PERRIN, *Monnayage en Savoie,* page 151. Variété du quart
précédent, frappé à Turin. Billon. 84 centigr. (16 grains).
— 2 exemplaires P. C.

364      70. FERT, entre deux roses ; ✤ EM · FILIB · D ·
G · DVX · SAB, entre un filet et un grenetis.

*R/* Croix de S. Maurice ; ✤ P · PEDEM · 1567 ·
T · B · C, entre un filet et un grenetis.

PERRIN, *Monnayage en Savoie,* page 151. Variété de quart
de 7 au sol, frappé à Turin par Bernard Castagna. Billon. 79
centigrammes (15 grains). — 2 exemplaires P. C.

365      71. Armes écartelées du prince, dans un cartouche
surmonté d'une couronne ducale ; EM · FILIB · D ·
G · DVX · SAB · C · NICIE, entre deux filets, un filet
et un grenetis.

*R/* Croix fleuronnée, cantonnée des lettres
F. E. R. T.; ✚ IN TE · DOMINE · CONFIDO · 1564
· N, entre deux filets, un filet et un grenetis.

RABUT F., *2e Notice sur les monnaies de Savoie,* page 69.
Ecu d'or de 3 livres, frappé à Nice. OR. 3 gr. 24 centigrammes
(61 grains). — 1 exemplaire A. M.

366      72. Ecusson fleuronné, écartelé, aux armes du
prince, surmonté de la couronne, au bas une étoile à
cinq rais; EM · FILIB · D · | · G · DVX · S · ABA,
entre deux filets et un filet et un grenetis.

*R/* Croix fleuronnée, cantonnée du mot FERT;
* · INTE · DOMINE · CONFIDO · 1569 · E · B · C,
entre deux filets et un grenetis.

PERRIN, *Monnayage en Savoie,* page 151. Ecu d'or, variété
de PROMIS, n° 53, frappé à Chambéry par Etienne Bourges.
OR. 3 gr. 29 centigr. (62 grains). — 1 exemplaire. Achat :
22 fr. 50.

367      73. Ecusson fleuronné, écartelé, aux armes du
prince, surmonté de la couronne, B au bas de l'écu;
EM · FILIB · D · G · DVX · SABAVDI, entre deux
filets et un grenetis.

*R/* Croix fleuronnée, cantonnée du mot FERT;
* INTE · DOMINE · CONFIDO · 1578 (1579) E D',
entre deux filets et un grenetis.

PERRIN, *Monnayage en Savoie,* page 151. Ecu d'or, variété
du précédent, frappé à Bourg par Emmanuel Dian. OR. 3 gr.
18 centigr. (60 grains). — 2 exemplaires : 1 A. M., 1 P. C.
Prix d'achat : 25 fr.

8    74. Tête du prince à senestre, FERT sur le collier;
E · PHILIBERTVS · DVX · SABAVDI, entre deux
filets et un grenetis extérieur.

*R/* Ecu écartelé, aux armes du prince, sur une
croix de S. Lazare, couronne au-dessus, étoile au bas,
et à l'exergue 1578 (1579) entre deux points; AVXI-
LIVM ∘ MEVM ∘ A ∘ DOMINO ∘ I ∘ M, entre deux
filets et un grenetis extérieur.

Promis, pl. XXVII, n° 54. Teston de 20 sols, frappé à Chambéry par Jean Miretto. AR. 9 grammes 56 centigrammes (2
gros et 36 grains). — 3 exemplaires : 1 A. M., 2 P. C. Prix
d'achat : 20 francs.

9    75. Ecu fleuronné, écartelé, aux armes du prince,
surmonté de la couronne et accosté de la date 1578,
au bas une étoile à cinq rais; ✤ E · PHILIBERTVS ·
D · G · DVX · SABAVDIE · P P, entre deux filets et
un grenetis.

*R/* Croix de S. Maurice, cantonnée du mot FERT;
✤ IN · TE · DOMINE · CONFIDO ✿ I ✿ M ✿, entre
deux filets et un filet et un grenetis.

Promis, pl. XXVII, nº 55. Blanc de 4 sols, frappé à Chambéry. Billon. 4 gr. 40 centigrammes (1 gros et 16 grains). — 1 exemplaire A. M.

**370** 76. Ecu de Savoie fleuronné, écartelé, aux armes du prince, surmonté de la couronne et accosté de la date 1580, au bas une étoile à cinq rais; ✤ E · PHILIBERTVS · D · G · DVX · SABAVDIE · PP, entre deux filets et un grenetis.

*R/* Croix de S. Maurice, cantonnée du mot FERT; ✤ IN · TE · DOMINE · CONFIDO · I · M, entre deux filets et un filet et un grenetis.

Perrin, *Monnayage en Savoie*, page 151. Blanc de 4 sols, variété de Promis, pl. XXVII, nº 55. Billon. 4 gr. 40 centigr. (1 gros et 11 grains). — 2 exemplaires A. M.

**371** 77. Ecu fleuronné, écartelé, aux armes du prince, surmonté de la couronne et accosté de deux points, une étoile au bas; ✤ E · PHILIB · D · G · DVX · SABAVDI, entre un filet et un grenetis.

*R/* Croix de S. Maurice, cantonnée de quatre points, dans un contour formé de quatre lobes aboutés, avec la date 1579 (1580) aux angles extérieurs; ✤ IN · TE · DOMINE · CONFIDO · I · M, entre un filet et un grenetis.

Promis, pl. XXVII, nº 56. Sol frappé à Chambéry par Jean

Miretto. Billon. 1 gr. 70 centigr. (32 grains). — 4 exemplaires A. M.

78. Ecu fleuronné, écartelé, aux armes du prince, surmonté de la couronne, un B en pointe, accosté de deux points; ✠ E · PHILIB · D · G · DVX · SABAVDIE, entre un filet et un grenetis.

*R/* Croix de S. Maurice, dans un contour formé de quatre lobes aboutés avec points aux angles intérieurs et la date 1577 (1578) aux angles extérieurs; ✠ IN · TE · DOMINE · CONFIDO · E · D, entre deux filets et un grenetis extérieur.

PERRIN, *Monnayage en Savoie,* page 151. Sol frappé à Bourg, variété de PROMIS, pl. XXVII, n° 56. Billon. 1 gr. 43 centigr. (27 grains). — 2 exemplaires : 1 A. M., 1 P. C.

79. Ecu de Savoie avec point secret, dans un contour formé de trois lobes aboutés, avec points aux deux angles extérieurs supérieurs et une étoile à cinq rais à l'angle inférieur; ✠ EMANVEL · PHILIBERTVS ·, entre deux filets.

*R/* Croix de S. Lazare croisée d'une petite croix de S. Maurice; ✠ D · G · DVX · SABAVDIE.........., entre deux filets.

Parpaïole frappée à Chambéry, variété de PROMIS, pl. XXVII, n° 57. Billon. 1 gr. 54 centigr. (29 grains). — 2 exemplaires : 1 A. M., 1 P. C.

374    80. Ecu de Savoie, dans un contour formé de trois lobes aboutés, avec points aux angles extérieurs supérieurs et un B à l'angle inférieur ; ✤ EMANVEL · FILIBERTVS ·, entre un filet et un grenetis.

*R/* Croix de S. Lazare, croisée d'une petite croix de S. Maurice ; ✤ D · G · DVX · SABAVDIE · 1578 (1579) · E · D, entre un filet et un grenetis.

Raʙuᴛ F., *2e Notice,* p. 71, variété de Pʀoᴍɪs, pl. XXVII, n° 57. Parpaïole frappée à Bourg par Emmanuel Dian. Billon. 1 gramme 70 centigr. (31 grains). — 3 exemplaires A. M.

375    81. Initiales du prince surmontées de la couronne, dans un grenetis.

*R/* Croix de S. Maurice, dans un double contour formé de quatre lobes aboutés, dans un grenetis.

Pʀoᴍɪs, pl. XXVII, n° 58. Quart de sol. Billon. 85 centigr. (16 grains). — 1 exemplaire P. C.

376    82. Ecu de Savoie surmonté d'une couronne, accosté des lettres E F, dans un filet et un grenetis.

*R/* Croix de S. Maurice, cantonnée du mot FERT, dans un filet et un grenetis.

Pʀoᴍɪs, pl. XXVII, n° 59. Fort. Billon. 75 centigrammes (14 grains). — 2 exemplaires : 1 A. M., 1 P. C.

377   83. Lacs posé horizontalement avec point au-dessous; ✠ · E · PHILIBERTVS, entre grenetis.

*R/* P E liés; ✠ DVX · SABAVDIE, entre grenetis.

PERRIN, *Monnayage en Savoie*, page 151. Douzième de sol. Billon. 53 centigrammes (10 grains). — 1 exemplaire P. C.

378   84. Ecu de Savoie surmonté d'une couronne, accompagné des initiales E. F., au-dessous de l'écu une étoile; le tout entouré d'un grenetis.

*R/* (Anépigraphe) Croix fleuronnée, entourée d'un grenetis.

RABUT F., *2e Notice*, pl. II, n° 8. Douzième de sol frappé à Chambéry. Billon. 55 centigrammes (11 grains). — 1 exemplaire A. M.

379   85. F. F. surmontées d'une couronne formant croix avec quatre roses, entourées d'un filet et d'un grenetis.

*R/* Croix de S. Maurice, dans un double contour de quatre lobes avec points aux angles extérieurs, un B portant sur le double contour; entourée d'un filet et d'un grenetis.

Quart de sol frappé à Bourg. Billon. 75 centigr. (15 grains). — 1 exemplaire P. C.

380   86. F. F. surmontées d'une couronne formant croix avec trois roses et une fleur à six pétales bilobés, entourées d'un filet et d'un grenetis.

*R/* Croix de S. Maurice, dans un double contour de quatre lobes avec points aux angles extérieurs, un

17

B portant sur le double contour ; entourée d'un filet
et d'un grenetis.

Quart de sol frappé à Bourg. Billon. 78 centigrammes (16
grains). — 1 exemplaire P. C.

**381** 87. F. F. surmontées d'une couronne formant
croix avec quatre fleurs à cinq pétales, entourées d'un
filet et d'un grenetis.

R/ Croix de S. Maurice, dans un double contour
de quatre lobes avec points aux angles extérieurs, un
C porte sur le double contour; entourée d'un filet et
d'un grenetis.

Quart de sol frappé à Chambéry. Billon. 74 centigrammes
(15 grains). — 1 exemplaire A. M.

*Ayant trouvé dans les médailliers d'Annecy et de Chambéry
un certain nombre des quarts de sols qui précèdent, frappés
dans deux ateliers de Savoie, et de trois types se rapprochant
pour les détails des deux faces des Nos 338, 339 et 345, j'ai
cru ne pouvoir les attribuer qu'à Emmanuel-Philibert, pen-
sant que les deux F. F., mis pour E. F., étaient le fait du
graveur, qui a aussi placé la couronne royale sur quelques
exemplaires de ces petites monnaies.*

L'impossibilité dans laquelle nous avons été de faire
reproduire les monnaies des successeurs d'Emmanuel-
Philibert nous a obligé à arrêter à la fin de son règne
l'impression du Catalogue du *Médaillier de Savoie.*
Nous plaçons à la suite les monnaies des branches ca-
dettes d'Achaïe et de Vaud, celles des princes de Genevois et quelques pièces rarissimes que possède le
Musée de Chambéry.

# BRANCHES CADETTES DE SAVOIE

## BRANCHE DE VAUD

### LOUIS DE VAUD (1284-13··).

382    1. Croix pattée, cantonnée de trois besants au $2^{me}$ quartier et d'un point au $3^{me}$; ✠ LVDOVICVS ⁝ ❀, entre deux grenetis.

*R/* Temple; ✠ DE SABAVDIA ⁝, entre deux grenetis.

Promis, pl. I, n° 2. Denier. Billon. 95 centigr. (18 grains). — 5 exemplaires : 2 A. M., 3 P. C.

383    2. Croix pattée, cantonnée de trois besants au $1^{er}$ quartier et d'un point au $4^{me}$; ✠ LVDOVICVS ⁝, entre deux grenetis.

*R/* Temple; ✠ DE SABAVDIA, entre deux grenetis.

Denier, variété du précédent, dont il diffère par la position des besants et du point. Billon. 85 centigrammes (16 grains). 1 exemplaire P. C.

384     3. Croix pattée, cantonnée d'un point au 1ᵉʳ quartier et d'un croissant au 4ᵐᵉ; ✠ LVDOVICVS : ❀, entre deux grenetis.

*R*/ Temple; ✠ DE SABAVDIA, entre deux grenetis.

Denier, variété du précédent, où un point et un croissant remplacent les besants et le point. Billon. 90 centigrammes (17 grains). — 2 exemplaires P. C.

385     4. Croix pattée, cantonnée d'un trèfle au 1ᵉʳ quartier et d'un point au 4ᵐᵉ; LVDOVICVS, entre deux grenetis.

*R*/ Temple; ✠ D' SABAVDIA, entre deux grenetis.

Denier, variété de coin où un trèfle remplace les besants du nº 2. Billon. 79 centigrammes (15 grains). — 1 exemplaire P. C.

# BRANCHE D'ACHAIE

## PHILIPPE D'ACHAIE (1301-1334).

386    1. Aigle éployée à deux têtes; ✠ PHILIPPVS ⟩ DE SAB', entre deux grenetis.

*R*/ Croix pattée, formée de quatre angles droits accostés, coupant la légende; cantonnée des lettres P | H | I | L; ⨯ PED | MON | TEN | SIS, entre deux grenetis.

PROMIS, Achaïe, pl. I, n° 1. Gros de Piémont frappé à Turin par Durand-Carrerie, d'Avignon. AR. 2 grammes 17 (demi-gros et 4 grains). — 1 exemplaire P. C. Prix d'achat : 20 fr.

387    2. Croix pattée; ✠ PHS · D · SAB · P ACHE, entre deux grenetis.

*R*/ Chatel tournois, au fronton surmonté d'une croix, les poteaux terminés par des points ouverts; ✠ ⨯ DE · CLARENCIA ⨯, entouré d'un grenetis.

PROMIS, planche complément. III, n° 11. Petit denier tournois frappé à Turin par Durand-Carrerie, d'Avignon. Billon. 85 centigrammes (16 grains). — 3 exemplaires : 1 P. C., 2 A. M., acquis au prix de 11 fr.

388    3. Croix pattée, cantonnée d'un point au deuxième quartier ; ✠ PHILIPPRICES, entre deux grenetis.

*R*/ Etoile à six rais, cantonnée d'un point aux deuxième et troisième quartiers ; ✠ TORINVS CIVIS, entre deux grenetis.

PROMIS, Achaïe, pl. I, n° 2. Petit denier tournois frappé après 1301. Billon. 95 centigrammes (18 grains). — 3 exemplaires : 1 A. M., 2 P. C. Prix d'achat : 10 fr.

# AMÉDÉE D'ACHAIE (1377-1402).

389    1. Ecu de Savoie penché, brisé d'un bâton posé en bande, surmonté d'un lion issant pour cimier, dans un double contour formé de quatre lobes et

quatre angles alternativement aboutés; • PRIN :
CEPS • | • ACHA VE : RE •, entouré d'un grenetis.

R/ S. Jean-Baptiste debout, nimbé, bénissant, un
bâton pastoral à la main gauche; S • IOHA | NNES •
B ⚔, entouré d'un grenetis.

PROMIS, Achaïe, pl. I, n° 1. Florin d'or de petit poids frappé
à Pignerol. OR. 2 grammes 97 (demi-gros et 18 grains). —
1 exemplaire P. C. Prix d'achat : 200 fr.

390 2. S. Jean-Baptiste deux tiers, nimbé, bénissant,
une croix pastorale à la main-gauche; + AMEDEVS
8 D 8 SABAVD' ˣ, entre deux grenetis.

R/ Croix fleuronnée, dans un double contour de
quatre lobes, cantonnée de fleurons aux angles intérieurs et d'un point aux angles extérieurs; + PRIN-
CEPS 8 ACHAIE 8 RE ˣ, entre deux grenetis.

PROMIS, Achaïe, pl. I, n° 4. Demi-gros frappé à Turin. Billon.
1 gramme 16 (31 grains). — 1 exemplaire P. C. Prix d'achat :
10 fr.

391   3. Ecu de Savoie penché, brisé d'un bâton posé en bande, surmonté d'un lion issant pour cimier, coupant le haut de la légende, entouré d'une cordelière; AMEDEVS ⁸ DE ⁸ SABAVDIA ⁸, entre deux grenetis.

*R/* Croix fleuronnée, dans un double contour (l'intérieur en grenetis), formée de quatre lobes et quatre angles alternativement aboutés, cantonnée de points aux angles extérieurs; ✠ DEI ⁸ GRA ⁸ PRINCEPS ⁸ ACK ⁸ RE ⁸, entre deux grenetis.

Promis, Achaïe, pl. I, n° 5. Demi-gros frappé à Pignerol. Billon. 1 gramme 75 (33 grains). — 2 exemplaires P. C. Prix d'achat : 20 fr.

392   4. S. Jean, nimbé, à mi-corps; ✠ AMEDEVS ⁸ D ⁸ SABAVD', entre deux grenetis.

*R/* Ecu de Savoie, brisé d'un bâton posé en bande, accompagné de quatre points; ✠ PRINCEPS ⁸ ACK ⁸ RE ⁸ entre deux grenetis.

Promis, Achaïe, pl. I, n° 7. Denier fort frappé à Turin. Billon. 1 gramme 11 (21 grains). — 3 exemplaires Ancien Musée.

393    5. S. Jean, nimbé, à mi-corps; ✠ AMED' ⁸ DE ⸰
SABAVD', entre deux grenetis.

*R/* Ecu de Savoie, brisé d'un bâton posé en bande,
accompagné de quatre points; ✠ PRINCEPS ⁸ ACK
⁸ RE ⁸, entre deux grenetis.

Denier fort, variété de coin de Promis, n° 7, sur lequel le
nom du prince n'est pas en entier. Billon. 1 gramme 11 (21
grains). — 1 exemplaire P. C. Prix d'achat : 10 fr.

394    6. PRIN, entre quatre traits parallèles; ✠ AME-
DEVS ⸱ D' ⸱ SABAVD', entre deux grenetis.

*R/* Croix fleuronnée; ✠ PRINCEPS ⸱ ACK ⸱
RE ⸱, entre deux grenetis.

Promis, Achaïe, pl. I, n° 8. Quart de gros. Billon. 1 gramme
43 centigr. (27 grains). — 1 exemplaire P. C.

# LOUIS D'ACHAIE (1402-1448).

395    1. Ecu de Savoie, brisé d'un bâton posé en bande,
accompagné d'un point en chef, dans un double contour de quatre lobes aboutés, cantonné de points aux

angles extérieurs; ✠ LVDOVICVS ⸜ D' ✱ SABAVD'
❊, entre deux grenetis.

*R/* Croix fleuronnée; ✠ PRINCEPS ⸜ ACHAIE
⸜ RE' ❊, entre deux grenetis.

Demi-gros, variété de Promis, Achaïe, pl. II, n° 1, frappé à
Turin en 1418, par Jean de Masio, d'Asti. Billon. 1 gr. 53 centigrammes (29 grains).— 2 exemplaires : 1 A. M., 1 P. C.

396     2. Ecu de Savoie, brisé d'un bâton posé en bande,
dans un double contour de quatre lobes aboutés, fleuronnés; ✠ LVDOVICVS ⦂ D' ⦂ SABAVD' ❊, entre
deux grenetis.

*R/* Croix de S. Maurice; ✤ PRINCEPS ⦂ ACHAIE
⦂ RE ❊, entre deux grenetis.

Demi-gros, variété de Promis, pl. II, n° 4. Billon. 1 gr. 59
centigrammes (30 grains).— 1 exemplaire P. C. Prix d'achat :
25 francs.

397     3. Croix de Savoie, brisée d'un bâton posé en bande,
dans un double contour de quatre lobes aboutés, fleuronnée; ✠ LVDOVICVS ⦂ D' ⦂ SABAVD' ❊, entre
deux grenetis.

*R/* Croix de S. Maurice; ✤ PRINCEPS ⦂ ACHAIE
⦂ IE ❊, entre deux grenetis.

PROMIS, pl. II, n° 4. Quart de gros. Billon. 1 gramme 22 (23 grains). — 1 exemplaire A. M.

398   4. L gothique, accompagnée de quatre croisettes; ✠ ⸭ VDOVI ⸭ CVS ⸭, entre deux grenetis.

*R*/ Ecu de Savoie brisé, accompagné d'une croisette en chef; ✠ ⸭ DE SABAVD ⸭, entre deux grenetis.

Quart de gros, variété du n° 6 de PROMIS, dont il diffère par la croix ancrée d'Achaïe qui remplace la rose du commencement de la légende du revers. Billon. 1 gr. 06 centigrammes (20 grains). — 2 exemplaires A. M.

399   5. L gothique fleuronnée; ✠ DE ⁚ SABAVDIE ❀, entre deux grenetis.

*R*/ Ecu de Savoie, brisé d'un bâton posé en bande, accompagné de trois annelets en chef et par côtés; ✠ PRINCEPS ⁚ ACK ❀, entre deux grenetis.

PROMIS, pl. II, n° 7. Denier fort. Billon. 79 centigrammes (15 grains). — 1 exemplaire P. C. Prix d'achat : 5 fr.

400   6. Ecu de Savoie, brisé d'un bâton posé en bande,

dans un contour de quatre lobes ; ✠ LVDOVICVS ⦂ D' ⦂ SB ✿, entre deux grenetis.

*R/* Croix d'Achaïe coupant en quatre la légende : PR | IN | CE | PS, entre deux grenetis.

Promis, pl. II, n° 9. Denier viennois. Billon. 95 centigr. (18 grains). — 2 exemplaires : 1 A. M., 1 P. C. Prix d'achat : 10 fr.

401    7. Croix de Savoie, brisée d'un bâton posé en bande, dans un contour de quatre lobes ; ✠ LVDO-VICVS ○ D' ○ SAB' ✿, entre deux grenetis.

*R/* Croix d'Achaïe coupant en quatre la légende : PR | IN | CE | PS, entre deux grenetis.

Denier viennois, variété du précédent, sur lequel une croix de Savoie remplace l'écu, et un seul point sépare les mots de la légende. Billon. 64 centigrammes (12 grains). — 1 exemplaire A. M.

402    8. L ; ✠ ⦂ VDOVICVS ⦂, entre deux grenetis.

*R/* Ecu aux armes de Savoie, brisé d'un bâton posé en bande ; ✠ ⦂ DE SABAVD' ⦂, entre deux grenetis.

Rabut F., *4e Notice*, n° 8. Tiers d'obole. Billon. 27 centigrammes (7 grains). — 2 exemplaires : 1 A. M., 1 collection Vissol.

# MAISON DE GENEVOIS

## AMÉDÉE III (1320-1367).

403    1. Croix évidée au centre, dans un contour de quàtre demi-cercles aboutés; ✠ AMEDEVS ∘ COMES, entre grenetis.

*R/* Ecu de genevois, dans un contour de quatre demi-cercles aboutés; ✠ GEBENNENSIS, entre grenetis.

SÉRAND, n° 3, d'après SORET. Denier en argent de bon aloi. 68 centigrammes (14 grains). — 2 exemplaires A. M.

## PIERRE (1367-1394).

404    1. Ecu de genevois penché, surmonté d'un cimier à tête humaine, dans un double contour allongé de quatre arcs de cercle terminés par des points; ✠ PE-TRVS ⦂ CO ⦂ GEBEŅES ( N à l'envers ), entre grenetis.

*R/* Croix évidée, dans un double contour de quatre arcs de cercle aboutés avec fleurons aux points de jonction; ✠ FIDELIS ⦂ IMPERII, entre grenetis.

SÉRAND, n° 6, d'après SORET. AR. 1 gr. 89 centigrammes. 4 exemplaires A. M.

405     2. Croix évidée au centre, dans un contour de quatre arcs de cercle aboutés; ✠ PETRVS ∘ COMES, entre grenetis.

*R/* Ecu de Genevois, dans un contour de quatre arcs de cercle aboutés; ✠ GEBENNENSIS, entre grenetis.

Denier, variété du n° 7 de Serand, d'après Soret, un seul point sépare les mots de la légende. Billon. 48 grammes (10 grains). — 8 exemplaires : 5 A. M., 3 P. C.

406     3. Croix évidée au centre, dans un contour allongé de quatre arcs de cercle terminés par des points; ✠ PETRVS COMES, entre grenetis.

*R/* Ecu de Genevois, dans un contour de quatre arcs de cercle aboutés avec fleurons aux points de jonction; ✠ GEBENNENSIS, entre grenetis.

Variété de coin du précédent, dont il diffère par l'absence de points entre les mots de la légende du droit. AR. 1 gramme. — 1 exemplaire P. C.

# MONNAIES FRAPPÉES EN ORIENT
## PAR DES PRINCES DE SAVOIE

---

## ANGE DE SAVOIE-PATRAS (1330-1343)

407    1. Croix pattée; ✣ ANGELVS · SAB · C, entre deux grenetis.

*R/* Chatel surmonté d'une croix; DELLA · PA-TRA, entre deux grenetis.

Denier frappé à Patras, attribué aussi à Ange Comnène. Billon. 1 gr. 06 centigr. (20 grains). — 1 exemplaire A. M. Prix d'achat : 25 fr. — De Saulcy, *Numismatique des Croisades*, p. 165 et suivantes. Marquis d'Oncieu César, *Mémoires de l'Académie de Savoie*, tome IX, p. LIV.

---

## LOUIS DE SAVOIE (1459-1482)
### COMTE DE GENEVOIS ET DE ROMONT, ROI DE CHYPRE

408    1. Le prince, couronné, tenant un sceptre et un globe crucigère, assis sur un trône; à sa droite S, à sa gauche E; LVDOV... S... G... IA. RE. (légende cou-pée par quatre contre-marques), entre grenetis.

*R/* Croix de Jérusalem accompagnée de quatre croisettes; ✠ IERVSAL... ET... MEN..., entre grenetis.

De Barthélemi, *Revue numismatique*, 1862, p. 369, pl. XIX, n° 3. Pièce en argent doré. 3 gr. 50 centigr. (demi-gros et 28 grains).

# DENIER

### DE

## JEAN-BAPTISTE DE SAVOIE (1581-1582)

#### ABBÉ DE SAINT-BENIGNE (PIÉMONT)

409   1. Ecu de Savoie brisé d'une cottice; ✠ JO (BAPTA. AB.) ET · C, entre grenetis.

*R/* Croix de S. Maurice; SAN · BENI · NVL · DIC, entre grenetis.

Denier en cuivre. 0627 milligr. (12 grains). — 1 exemplaire A. M.

# ERRATA

## ET MODIFICATIONS SURVENUES PENDANT L'IMPRESSION DU CATALOGUE :

Un exemplaire des numéros ci-après a été échangé avec le Musée d'Annecy : 3, 16, 27, 35, 45, 46, 52, 60, 85, 92, 98, 142, 147, 171, 179, 231, 232 ( numéro d'ordre général ).

Pages. N⁰ˢ.

106    4. 2 exemplaires.

107       Trois variétés des deniers d'Humbert II sont entrés dans les collections.

109 9 et 10. 2 exemplaires.

112   19. Les deux points au revers sont placés horizontalement.

113   21. Il n'y a qu'une étoile entre AM' et COMES.

113.   22. Comprend les nᵒˢ 11 et 12. — 6 exemplaires.

115   24. 2 exemplaires nouveaux, variétés.

116   27. 1 exemplaire nouveau avec point secret à côté de la molette.

117   28. 1 exemplaire nouveau sans molette au-dessus de l'écu.

122   39. La légende est MEDEVS ⁜ COMES, sans A.

124   44. 4 exemplaires.

124   45. 3 exemplaires.

125   47. 2 exemplaires.

131   59. 2 exemplaires.

135      Ligne 2 : Pl. V, nᵒ 6. — 2 exemplaires.

136   71. 4 exemplaires.

# TABLE

—✦—

www.ingramcontent.com/pod-product-compliance
Lightning Source LLC
Chambersburg PA
CBHW070756270326
41927CB00010B/2170